UN PÈRE DE JEUNESSE

ou

VIE DE M. DE PRÉVILLE

PRÊTRE DE LA

CONGRÉGATION DES FRÈRES DE St VINCENT DE PAUL

1843-1894

Par l'Abbé E. OGORE, Prêtre du Diocèse d'Arras

PARIS

GAUME & Cie, ÉDITEURS

3, rue de l'Abbaye, 3

UN PÈRE DE JEUNESSE

ou

VIE DE M. DE PRÉVILLE

UN PÈRE DE JEUNESSE

 OU

VIE DE M. DE PRÉVILLE

PRÊTRE DE LA

CONGRÉGATION DES FRÈRES DE S VINCENT DE PAUL

1845-1894

Par l'Abbé E. OCCRE, Prêtre du Diocèse d'Arras

Paris-Auteuil

IMPRIMERIE DES ORPHELINS-APPRENTIS

1896

M. DE PRÉVILLE

Fondateur du Patronage de Notre-Dame des Apprentis

à Boulogne-sur-Mer.

Lettre du Supérieur général des Frères de Saint Vincent de Paul.

CHER MONSIEUR LE CURÉ,

J'accomplis un devoir de reconnaissance bien doux à mon cœur, en vous remerciant, au nom de notre famille religieuse et au mien, d'avoir fait revivre à nos yeux l'apostolique figure de notre très aimé et regretté frère de Préville.

Les relations intimes qu'il entretenait avec la plupart d'entre nous, bien des années avant de se donner à notre Congrégation, la connaissance plus complète que nous avons acquise de ses vertus, pendant le temps trop court où nous l'avons eu pour frère, nous faisaient ardemment désirer que le souvenir de cette âme si ardemment dévouée à Dieu et aux pauvres fût perpétué par un de ceux qui l'avaient le mieux connu et aimé.

La lecture de ces pages sera, j'en ai la confiance, un encouragement et une lumière pour les âmes qui se sont consacrées à l'éducation chrétienne de la jeunesse ouvrière et à l'évangélisation des pauvres.

Pour moi, qui m'étais plu à faire participer, dans la plus large mesure, notre Congrégation aux fruits de son expérience et de ses vertus, je retrouve avec bonheur, dans votre livre, la physionomie si personnelle et si modeste, tout ensemble, de ce prêtre éminent qui fut, dans toute la force des termes, un bon et saint religieux, un véritable ami des pauvres, et sur lequel je me plaisais à me reposer, d'une part, du fardeau si lourd du gouvernement des Communautés et des Œuvres.

Puissent ces pages, toutes remplies de l'esprit apostolique dont notre siècle a besoin, éveiller dans d'autres âmes cette flamme du zèle que le Divin Maître est venu lui-même apporter sur la terre.

Puissent-elles contribuer à augmenter dans les œuvres ouvrières la foi aux moyens surnaturels et l'amour de la piété, sans laquelle elles ne sauraient produire tous leurs fruits.

C'est, j'en suis convaincu, cher Monsieur le

Curé, votre plus ardent désir comme ce serait, pour notre douleur, la meilleure des consolations.

Veuillez agréer, avec toute ma gratitude, l'expression de mes sentiments les plus affectueusement dévoués en Notre-Seigneur.

A. LECLERC,

SUPÉRIEUR GÉNÉRAL DES FRÈRES
DE SAINT VINCENT DE PAUL.

Paris, 2 Juillet 1896, en la fête de la Visitation de la Très Sainte Vierge.

ÉVÊCHÉ

D'ARRAS

~~~~~~

Arras, le 2 avril 1896.

Cher Monsieur le Curé,

A l'imprimatur que vous me demandez, je suis heureux de joindre quelques lignes consacrées à votre livre par un des Directeurs du Grand Séminaire qui a bien voulu se charger d'en faire l'examen ; son appréciation me dispensera de féliciter l'auteur et de recommander le livre. La voici textuellement :

« Les serviteurs de Dieu ne sont pas seulement le riche patrimoine du monde catholique et la plus pure gloire de l'Eglise ; leur vie est, par surcroît, comme un livre grand ouvert où l'on ne saurait porter les yeux sans voir plus clair dans sa propre conscience et sans se sentir animé soi-même à mieux faire. Plus précieuse encore est cette influence, quand ils ont compris les besoins spéciaux de leur temps et y ont remédié efficacement.

« C'est donc produire une œuvre utile et
~~~~~~

tout actuelle que de perpétuer dans une biographie le souvenir lumineux et fortifiant de cet homme de bien qui fut M. de Préville.

« Dans ces pages consacrées à sa mémoire se déroule un très attrayant récit où sont habilement mis en œuvre son journal intime et sa volumineuse correspondance, tous documents de première main. Aussi la physionomie de cette grande âme, faite de foi vive et d'abnégation, de bonté, d'intelligente charité et d'aimable condescendance, s'y accuse trait par trait et s'y reflète avec une saisissante fidélité.

« En somme, voici un beau et bon livre, que liront avec intérêt, édification et profit les hommes d'œuvres, les prêtres et toutes les âmes pieuses. »

Avec tous mes vœux pour le succès de votre livre et pour le bien que vous en attendez, recevez, je vous prie, cher Monsieur le Curé, l'assurance de mes sentiments affectueux et dévoués en Notre-Seigneur,

Z. LIÉNARD,
Vicaire général.

AVANT-PROPOS

LES amis de M. de Préville, ses frères en religion, ses nombreux enfants, parvenus aujourd'hui à l'âge d'homme, ont pensé, non sans raison, que cette apostolique figure ne devait pas disparaître tout entière.

Certes, jamais, nous ne nous serions attribué la tâche de travailler à la faire revivre, si des circonstances particulières, devant lesquelles nous n'avons pu nous dérober, ne nous avaient imposé, comme un véritable devoir, de tenter, au moins, une imparfaite ébauche.

Nous devons dire, pourtant, qu'à défaut de talent, nous avons mis, dans ce travail, toute l'affectueuse vénération que nous avions vouée à ce saint Prêtre, depuis le jour où il nous avait été donné de le connaître et de l'approcher.

Au surplus, c'est M. de Préville lui-même qui parle dans cette œuvre. Les nombreuses notes qu'il a laissées, ses sermons, une volumineuse correspondance, plusieurs rapports, tous ses écrits, ont passé sous nos yeux ; à ces documents d'une valeur exceptionnelle, sont venus s'ajouter les témoignages de ses anciens collaborateurs, de ses *novices, de ses parents et de ses amis ; il nous a suffi de les faire entrer dans notre récit, avec la certitude qu'ils parleraient mieux que nous.*

19 Mai 1896,
deuxième anniversaire de la mort de M. de Préville.

En enfant soumis de l'Eglise, l'auteur déclare que les termes d'éloge ou de vénération, qui sont venus sous sa plume, n'ont qu'une valeur purement personnelle et humaine. (Décret d'Urbain VIII sur la canonisation et la béatification des serviteurs de Dieu.)

CHAPITRE PREMIER

L'Enfant — Éclat de la Naissance
Éducation domestique
Le Collège — Mgr Haffreingue — Charité
et Piété de Raoul — Paris
Prévoyance de M. et Mme de Préville
Les Bons Camarades — Patronage
St-Charles — Vocation Ecclésiastique

DEPUIS un demi-siècle les œuvres de jeunesse se sont répandues sur le sol de notre pays d'une façon merveilleuse. On pourrait à peine compter aujourd'hui les cercles catholiques, les patronages, les ouvroirs, les réunions de toute nuance et de tout genre, qu'a suscités partout le zèle des saints.

L'auteur de la vie de M. Allemand terminait son ouvrage par l'expression de ce désir : « Un remède reste à notre pays, où, à côté du mal, il y a encore tant de précieux germes et de puissants éléments de bien : c'est la bonne et chrétienne éducation des générations nouvelles.

Et cette éducation, c'est par trois moyens principalement qu'elle se fera.

Par les collèges chrétiens ;

Par les catéchismes de première communion et de persévérance, très bien faits, dans toutes les paroisses grandes et petites ;

Et par des œuvres de jeunesse établies partout dans les villes et dans les campagnes, pour les classes, non seulement ouvrières, mais moyennes et supérieures de la société, et très chrétiennement dirigées (1). »

Ce vœu d'une âme de Prêtre, beaucoup d'apôtres travaillent partout à le réaliser aujourd'hui. Nous voudrions, dans ce travail que nous entreprenons pour la plus grande gloire de Dieu, faire revivre la physionomie simple et grande, austère et souverainement attachante d'un de ces zélés serviteurs des pauvres et des petits, de M. l'abbé de Préville, religieux de la Congrégation des Frères de Saint Vincent de Paul.

Véritable disciple de M. Allemand, c'est dans les enseignements de ce saint Prêtre qu'il apprit à aimer les malheureux et les déshérités de ce monde ; c'est dans sa « Vie » qu'il puisa sa grande affection pour les enfants et pour les adolescents ; c'est là qu'il chercha et qu'il fit chercher à ses amis la science des œuvres de jeunesse.

---

1. *Vie de M. Allemand*, par M. Gaduel, 2ᵉ édition, p. 537.

Le faire connaître, ce sera rendre hommage à une grande vertu sacerdotale, encourager les nombreux enfants de ce Père de jeunesse à garder ses leçons et son souvenir sauveur, jeter un nouveau lustre sur une congrégation qui a déjà tant de titres à la reconnaissance de l'Eglise de France et peut-être aussi, avec la grâce de Dieu, susciter plusieurs imitateurs de son dévouement pour les ouvriers, les jeunes gens et les pauvres.

Parfois Dieu fait naître les futurs apôtres des classes ouvrières, au sein même de ce pauvre peuple qu'ils auront à évangéliser ; on est plus secourable aux malheureux lorsqu'on a soi-même connu les privations et les souffrances qui sont inséparables de la pauvreté ; d'autres fois, pourtant, ceux que la Providence prédestine à être les serviteurs des petits et des humbles sont pris parmi les grands de ce monde, comme pour attirer plus impérieusement à la grâce de l'Evangile, par le prestige d'un contraste qui honore et flatte les classes populaires.

Il en fut ainsi pour M. de Préville.

Maximilien Raoul de Roussel de Préville naquit au château de Mont-Lambert, près de Boulogne-sur-Mer, le 1er avril 1845. La famille de Préville tenait alors et tient encore aujourd'hui l'un des premiers rangs dans la noblesse boulonnaise par son ancienneté et par ses vertus.

Celui dont nous écrivons la vie ne s'est jamais prévalu de son origine. Nous en disons seulement ce mot pour éclairer la suite de notre récit : car si l'éclat de la naissance fut pour M. de Préville, en beaucoup d'occasions, un grand élément de succès, nous verrons qu'il lui fut quelquefois un obstacle, surtout dans les décisions qui dépendaient de sa famille, en même temps que de lui.

Ce qu'il fut dans son enfance, des renseignements authentiques et sûrs vont nous le dire : « A l'âge de deux ans et quelques mois, d'affreuses convulsions mirent sa vie en danger ; il resta deux heures sans connaissance, et l'on ne parvint à le ranimer qu'à force de soins. Ces accidents le rendirent délicat une partie de son enfance.

Au point de vue du caractère, il était doux, enjoué, voire même un peu taquin avec ses frères, qui, du reste, savaient se venger. Il avait une grande sympathie pour sa sœur plus âgée que lui, et l'entourait d'affectueuses prévenances.

D'une sensibilité excessive, il pleurait très facilement, surtout lorsque ses frères ripostaient trop vivement à ses saillies, mais lui n'aurait jamais voulu causer la moindre peine (1). »

Dans ces traits, nous retrouvons M. de Préville. C'est bien lui, tel que nous l'avons connu : plein de bonté, de compassion, d'affabilité, et séduisant par son entrain, sa verve et son esprit, tous ceux qui avaient la joie de l'approcher.

Jusqu'à l'âge de huit ans, Raoul de Préville resta dans sa famille. L'instituteur de la commune fut son premier maître dans les sciences humaines ; mais en même temps, une mère chrétienne formait son jeune cœur à la vertu et à l'amour de Dieu. Bientôt, cette première éducation domestique ne suffisant plus, Raoul dut prendre le chemin du collège.

Il y avait en ce temps-là, à Boulogne, une maison d'éducation très prospère, très bien fréquentée, que Mgr Haffreingue, homme puissant en œuvres, et dont la cité boulonnaise restera toujours justement fière,

---

1. Renseignements donnés par la famille.

avait ouverte, au commencement du siècle, dans les bâtiments de l'ancien évêché (1).

Durant 50 ans et plus, on rencontra partout les élèves de Mgr Haffreingue, dans la magistrature, dans l'armée, dans le sacerdoce, dans l'administration des affaires publiques, dans les lettres, dans la médecine, et partout on reconnaissait en eux des prêtres zélés, des catholiques dévoués, des hommes de devoir, et par dessus tout, de fidèles serviteurs de la Sainte Vierge. Raoul de Préville fut envoyé dans cette école, comme demi-pensionnaire, avec son frère aîné.

Sans être ce qu'on pourrait appeler un travailleur forcené, Raoul fit de bonnes études chez Mgr Haffreingue ; surtout, ce qui

---

1. « M. l'abbé Benoit-Agathon Haffreingue, né à Audinghen, le 4 juillet 1785. — Il prend possession, le 5 août 1815, à titre de locataire, de l'ancien Palais épiscopal, où se trouve transféré, à la rentrée des classes, le pensionnat d'instruction secondaire, établi jusque-là dans la maison n° 2 de la rue Saint-Jean par M. l'abbé J. B. Compiègne. Ce pensionnat, fondé en 1798, à Audinghen, par M. Antoine-Marie Compiègne, avec le concours dévoué de M. l'abbé Delrue, avait été transporté à Boulogne le 1ᵉʳ janvier 1813. Il resta dans les bâtiments du Palais épiscopal jusqu'au 11 août 1871, où fut faite aux élèves la dernière distribution des prix de l'année scolaire, après la mort du vénéré supérieur, qui avait rendu son âme à Dieu, plein de jours et de mérites, le 18 avril précédent. » (Haigneré, *Dict. Histor. du Pas-de-Calais*, arrond. de Boulogne. Tome Iᵉʳ, p. 371, 372.)

est mieux, il y édifia par sa vive piété ceux qui vécurent avec lui.

C'est dans cette maison qu'il fit sa première communion, à l'ombre même de ce sanctuaire de Notre-Dame que la foi et l'amour achevaient d'élever à la gloire de Marie. Ce grand acte de sa vie impressionna vivement sa jeune âme : il conserva toujours un véritable culte envers le saint prêtre (1) qui l'y avait préparé et qui vécut, du reste, assez pour avoir la joie d'assister à sa première messe.

Ce n'était pas sans émotion que M. de Préville se reportait par le souvenir vers ces premières années : « J'ai repassé, disait-il dans sa retraite de trente jours, en 1886, l'action du bon Dieu à travers toute ma vie et la suite des grâces dont il m'a entouré durant toute ma jeunesse : ce désir si lointain de me faire prêtre ; cette protection constante de la Providence, malgré la liberté si grande dont je jouissais au collège ; la protection de la Sainte Vierge qui me défendait en me tenant à la première charge de la Congrégation... Que la crainte de mettre le comble à mes

---

1. M. l'abbé Lefebvre.

fautes m'aide à profiter de tous ces souvenirs d'une protection si touchante ! »

Ces bonnes dispositions, naturellement, ne lui enlevaient pas sa gaîté. Il allait, chaque matin, de Mont-Lambert à Boulogne, avec son frère Oudard. Montés fièrement sur de petits poneys, nos deux écoliers étaient escortés par un fidèle domestique (1), qu'ils prenaient grand plaisir à mettre littéralement en nage, courant eux-mêmes à toute vitesse, pour être en avance sur lui d'une grande distance. On voit d'ici le pauvre homme, s'essoufflant à la poursuite de ses jeunes maîtres. Cependant, il s'agissait de ne pas manquer l'heure réglementaire, et l'on finissait par le prendre en croupe jusqu'à la porte du collège. Le soir, la même scène recommençait. Cet âge est sans pitié !

Plus tard, devenu pensionnaire, Raoul était très charitable. Il avait demandé à faire partie de la petite conférence de Saint Vincent de Paul, établie dans le collège, et ne tarda pas à en être l'un des membres les plus zélés. Plus d'une fois, le même

---

1. Ce bon domestique est toujours vivant ; c'est de lui que nous tenons les traits principaux rapportés dans ce chapitre. Sur son lit de maladie, M. de Préville se souvint de lui et désira le voir.

serviteur dont nous parlions il y a un instant, lui portant ses vêtements, eut à constater la disparition au profit des pauvres, d'une partie de l'habillement. Évidemment, Raoul ne faisait pas de suite, l'aveu de sa conduite, mais comme le vieux domestique le pressait de ses questions anxieuses, force lui était bien, pour ne pas mentir, de dévoiler enfin sa bonne action.

C'est ainsi que grandit Raoul de Préville, dans une vive piété, une gaîté charmante, et une charité qui ne demandait qu'à s'épanouir.

Le jour vint où, les études secondaires terminées par d'heureux examens, il fallut quitter la famille : dur sacrifice pour Raoul qui aimait beaucoup ses parents. La vie du collège finissait pour faire place à la vie d'étudiant.

Est-ce que déjà, à cette époque, notre futur prêtre n'avait pas laissé percer son dessein et son désir de quitter le monde pour se consacrer à Dieu ? Des témoignages intimes, tout à fait dignes de foi, nous répondent affirmativement. Seulement, Raoul rencontra une certaine opposition chez son père, qui voulut, non pas empêcher, mais

« éprouver » sa vocation. Peut-être même est-il permis de penser que le vénérable gentilhomme avait, au fond du cœur, l'espoir qu'un tel délai lui conserverait ce fils qui promettait déjà de faire honorable figure dans la société. C'est la malheureuse illusion du monde ; il croit toujours perdre ceux qu'il est obligé de donner au Seigneur, et il ne les donne que le plus tard possible.

Quoi qu'il en soit, Raoul de Préville fut envoyé à Paris pour y faire ses études de droit. Chacun sait qu'il y a de grands dangers pour un jeune homme, hier encore tenu à l'étroit par la discipline d'un collège et qui est lancé, quelques heures plus tard, dans le tourbillon de la capitale, avec sa liberté et ses vingt ans.

Raoul connaissait ces dangers, et avec quelle crainte il les envisageait, nous le savons par un de ses amis, élève de l'école polytechnique, qui le rassurait ainsi : « Pourquoi crains-tu de venir à Paris l'année prochaine ? Il est vrai que la capitale a été un écueil pour beaucoup, mais seulement pour ceux qui n'étaient pas franchement à Dieu et n'avaient pas de force de caractère ; mais toi, tu possèdes ces qualités et puis, la

Sainte Vierge que tu as si bien servie jusqu'ici et que tu serviras encore, ne t'abandonnera certainement pas. »

En même temps que sa Mère du ciel, une autre mère veilla sur Raoul. M. et Mme de Préville accompagnèrent leur fils à Paris, passèrent plusieurs mois près de lui, et ne retournèrent à Boulogne, qu'après avoir vu, de leurs yeux sévères, le genre de vie qu'il allait mener. Ils prirent aussi le soin — chose capitale, que ne doivent pas négliger des parents chrétiens — de lui mettre entre les mains, les plus précieuses ressources de persévérance, en le recommandant à un prêtre très zélé et très dévoué aux jeunes gens, l'abbé de la Foulhouse, de Saint-Sulpice.

Ce que Raoul de Préville avait été à Boulogne, sérieux au travail, charitable pour les malheureux, plein d'entrain avec ses camarades, il le resta à Paris, dans sa vie d'étudiant. La jeunesse des écoles n'avait pas encore, à cette époque, au moins sur une aussi grande échelle, ces œuvres magnifiques de préservation, qui, sur tous les points de la capitale, ouvrent maintenant leurs portes aux nombreux jeunes gens des Facultés catholiques et officielles. Aujourd'hui, pendant ses temps libres, l'étudiant chrétien peut se rendre au cercle, tandis qu'alors, les soirées se passaient entre quelques camarades, tantôt chez l'un, tantôt chez l'autre, au hasard des circonstances. Il y a d'excellents camarades, comme il y en a de très mauvais, et dans l'un et l'autre cas, le proverbe reste vrai : « Dis-moi qui tu hantes, je te dirai qui tu es. »

Raoul de Préville eut la bonne fortune de rencontrer à Paris d'excellents jeunes gens qui étaient ses amis, et dont plusieurs étaient originaires du Pas-de-Calais. Ils étaient justement groupés, par les liens d'une association toute volontaire, autour de ce prêtre, ami de la jeunesse, à qui ses parents l'avaient recommandé. Ces quelques jeunes gens se réunissaient donc le soir, après la journée, dans la chambre de l'un d'eux. Est-il besoin de dire que les heures, trop rapides au gré de nos étudiants, étaient joyeusement et bruyamment remplies ? « On causait, on fumait, on chantait, on jouait aux cartes, et parfois, pour se divertir, on se payait de la crème orientale. Et comme le ménage faisait défaut dans cette installation de garçon, on cassait les œufs, sauf respect, dans une cuvette. Pour conclure, on prenait le thé, et l'on se séparait gaîment, se donnant rendez-vous pour le lendemain (1). » L'abbé de la Foulhouse était l'âme de ces joyeuses réunions.

Raoul de Préville n'était pas le moins en train, dans la bande joyeuse. Il aimait beaucoup le monde et ses attraits. Ceux qui l'ont connu et qui lui survivent parlent volontiers de son amour pour les diverses distractions de la société, surtout pour les soirées qui le passionnaient. Ils font remarquer aussi que sa mise était des plus recherchées ; jamais, ajoutent-ils, on n'aurait pu penser en le voyant alors, à ce qu'il devait être un jour. Plus tard, quand il sera prêtre, on lui remettra facilement en mémoire cette prédilection pour le monde : — « Ce n'est pas, répondait-il invariablement, ce que j'ai fait de mieux. »

Cependant, cet entraînement de jeunesse n'empêcha point Raoul de Préville d'entendre la voix de Dieu qui l'appelait à l'apostolat fraternel. Les jeunes gens ne comprendront jamais assez le bien qu'ils peuvent faire,

---

1. Renseignements fournis par M. Gaston de Préville.

s'ils sont vraiment chrétiens, à leurs amis, à leurs condisciples, à leurs compagnons d'école ou de régiment. Raoul, on peut le dire, fut lancé dans les œuvres de jeunesse par l'un de ses camarades, qui réussit, assez lentement d'ailleurs, à l'amener avec lui le dimanche au patronage Saint-Charles, situé rue Bossuet.

Nous prions le lecteur de ne pas oublier ce que nous disons ici ; car cette heure nous paraît décisive dans la vie de M. de Préville ; c'est au patronage Saint-Charles, croyons-nous, que le futur apôtre de la jeunesse eut la première révélation de sa vocation auprès des classes ouvrières.

Un jour donc, Raoul vint à Saint-Charles, avec son ami. Il y vint sans enthousiasme : quel agrément trouverait-il au milieu de ces bambins, ignorants, grossiers peut-être, avec lesquels on voulait le condamner à passer son dimanche, cette journée du dimanche, si belle, si enchanteresse, pour un étudiant qui a de l'argent en poche et de la gaîté au cœur ?

Quel contraste, en effet, entre ce jeune homme, si bien soigné de sa personne, aux belles manières, à l'air si complétement distingué, et ces petits enfants sans éducation dont on voulait qu'il s'occupât! De plus, le patronage Saint-Charles était peut-être, alors, l'œuvre la moins attrayante de tout Paris: pas de chapelle; une cour grande comme la main, enfermée entre quatre murailles, hautes et sombres; une salle unique où tous les âges étaient mêlés: tel était le milieu où se trouvait subitement jeté le brillant jeune homme.

Aussi, disons de suite, que Raoul ne s'y amusa guère. Triste et relégué dans un coin de la cour, il regardait sans intérêt les ébats naïfs des enfants; au fond de son cœur, il se promettait bien de ne plus s'y laisser prendre. Mais Dieu avait ses desseins. Poussé par une force mystérieuse plus que par ses goûts intimes, Raoul revint le dimanche suivant.

Le vénérable Frère Jean-Marie, directeur de l'œuvre, n'avait pas été sans constater, la semaine précédente, l'air ennuyé de notre jeune étudiant. Cette fois, s'approchant donc de lui avec un petit enfant qu'il tenait par la main: « Voici un pauvre petit ignorant, dit-il à Raoul, ne voudriez-vous pas lui apprendre à faire le signe de la Croix et à réciter *Notre Père* ? — Volontiers, » dit le jeune homme.

Quand vint la fin de la journée, le petit catéchisé ne savait rien, mais le cœur de Raoul de Préville était gagné. C'était le but qu'avait voulu atteindre le bon M. Jean-Marie. Le dimanche suivant, Raoul ne manqua pas de retourner à Saint-Charles : il y retrouva son cher élève.

Mais déjà, il ne voyait plus le patronage sous le même aspect : ces enfants qui se livraient à leurs jeux, ce directeur qui les surveillait, ces jeunes gens qui fréquentaient l'œuvre, tout cela, désormais, lui disait quelque chose. A partir de ce moment, Raoul s'attacha à son œuvre, et avec quelle force !

Il écrit rarement à sa mère sans lui parler de son patronage, tantôt lui détaillant l'emploi de son temps, tantôt lui tendant la main en faveur de son œuvre. « Ma bonne mère, il m'est venu ces jours-ci une idée que je te communique. Puisque les 1 800 fr. que je devais fournir pour être remplacé comme soldat tombent du ciel, il me semble que c'est de l'argent pour le bon Dieu. Si tu me les envoyais pour mon patronage : c'est une si bonne œuvre et une si belle institution ! Vous aurez ainsi, nous aurons, tous, part aux prières qui s'y font et qui s'y feront, et tous les enfants qui se sauveront grâce à nous, une fois au ciel, prieront avec ce pauvre Oudard pour nous.

« Nous établissons en ce moment une œuvre spéciale pour les plus grands ; vous ne pouvez pas mieux employer votre argent que pour cette œuvre : j'en jouirai directement et vous indirectement. Croyez-moi, c'est Oudard qui m'inspire cette idée, et puisque c'est lui qui, malheureusement, me rachète, qu'au moins cette somme lui profite ainsi par les prières que l'on y fera pour nous tous. Je compte sur toi. Ce joli denier ! Quel bien cela va faire !

« Je ne sais si je vous ai dit que chaque dimanche j'accompagne audacieusement des cantiques à mon patronage, sur un harmonium. Ce n'est pas fort, je vous assure, mais cela fait du bruit et soutient les voix des enfants. »

Et un autre jour : « Notre sermon de charité a produit 1500 fr., mais cela ne servira qu'à payer la moitié de notre dépense. J'aimerais bien que vous nous envoyiez quelque chose : c'est une œuvre si intéressante.

« J'y ai passé dimanche toute ma journée, et je vous avoue que le soir on est vraiment content de soi ! On se rend cette justice que l'on a gagné sa journée, tandis que ceux qui vont aux courses ou ailleurs peuvent se dire qu'ils l'ont perdue pour eux et pour les autres.

« Ma bonne mère, je me laisse aller, parce que je sais que tu aimes que je te dise tout ce qui se passe en moi. Je te demande de beaucoup prier pour mes pauvres ouvriers. Je te raconterai quelques-unes des péripéties et des difficultés qu'ils ont à surmonter pour être bons et tu verras combien cela nous est plus facile, à nous. Ils doivent avoir plus de mérite que nous et seront sans doute mieux récompensés. »

De telles préoccupations rassuraient M. et Mme de Préville sur cette vie d'étudiant ; un jeune homme peut-il s'égarer en s'appuyant ainsi sur la Religion et sur la charité : « Ma bonne mère, ce matin, je suis allé à la messe et j'ai communié pour notre pauvre Oudard. Je crois bien qu'il n'en a pas besoin ; mais cela ne sera pas perdu, et s'il n'en use pas, moi, j'en profiterai, je l'espère du moins. Je me suis uni à vous et nos prières ne peuvent pas n'avoir pas été exaucées.

« Ah ! il est bien plus heureux que nous ; il n'a pas, comme nous, à résister à toute sorte de tentations ; il a assez combattu et le bon Dieu a voulu le récompenser avant de le laisser aller plus loin dans la vie.

« Console-toi, va, ma bonne mère ; il prie pour nous et nous protège du haut du Ciel. Ce n'est peut-être qu'à lui que je dois d'avoir le courage d'aller à peu près droit, quand il est si facile de faire un pas à gauche et de se perdre. »

Dès lors, la vie de Raoul n'est plus qu'une vie d'apostolat. La vraie source du zèle, c'est la sainte Eucharistie ; Raoul de Préville devint un fidèle et un habitué de la Table sainte. Lui-même nous a révélé ce point dans sa « Retraite de trente jours » : « Je ne compte plus les communions qui ont précédé mon sacerdoce. Presque tous les jours j'avais le bonheur de communier, même avant mon entrée au séminaire. Dès ma première communion, j'ai reçu Notre-Seigneur deux et trois fois par semaine ; quel compte à rendre ! Que ne suis-je un saint ! »

Aussi, Dieu travaillait son âme d'apôtre. Raoul sentait de plus en plus ce travail intérieur qui, sans aucune illusion possible, le poussait au sacerdoce.

Dieu récompense souvent les mérites de l'apostolat volontaire par la grâce de la vocation ; pour Raoul de Préville, l'exercice de l'apostolat fut seulement le soutien d'une vocation connue depuis longtemps, mais qui s'imposait désormais avec une force irrésistible.

Désireux de répondre au plus vite à l'appel d'en haut, notre jeune homme voulut interrompre ses études de droit. Sa correspondance est remplie de ce projet ; pour être plus fort auprès de ses parents, Raoul demanda les conseils de Mgr Dupanloup, avec qui il avait eu la joie d'être mis en rapport. L'évêque d'Orléans fut, en principe, de l'avis du jeune homme ; mais en face de l'insistance de M. et de Mme de Préville, il conseilla à Raoul d'obéir, avant tout, à ses parents. Non pas que ceux-ci fussent opposés à l'entrée de leur fils dans l'état ecclésiastique : leur esprit de foi était trop vif pour vouloir empêcher une aussi grave détermination, mais ils pensèrent qu'il était plus sage de lui commander d'aller jusqu'à la fin de ses cours.

Notre pieux jeune homme obéit, sans murmurer, à ces désirs d'une mère et d'un père tendrement aimés. Toujours gai, plein d'entrain comme autrefois, il partageait sa vie entre ses livres, le patronage Saint-Charles et ses amis. Il parle souvent dans ses lettres des agréables moments qu'il passait, en compagnie de plusieurs camarades et de son frère, alors élève des Beaux-Arts, dans une honorable famille de sa connaissance.

Un beau soir, dans cette même maison, on attendait les deux frères pour une « petite sauterie » convenue la semaine précédente. Déjà la réunion était nombreuse et les de Préville n'arrivaient pas. Tout à coup, on voit entrer dans le salon, non pas, comme toujours, les deux inséparables, mais le frère cadet seul, qu'on accable aussitôt de mille questions : « Mais où est Raoul, Raoul va-t-il venir ? »

Raoul de Préville avait subi quelques jours auparavant son examen de licence en droit, et, le matin même, il était entré au séminaire d'Issy.

Cette nouvelle fut un véritable coup de théâtre pour une assemblée qui ne s'attendait guère à une pareille décision. Nous l'avons dit, Raoul de Préville n'eut jamais une piété morose ; or, le monde croit assez facilement que le séminaire ne s'ouvre qu'aux natures sauvages ou extraordinairement mystiques. Personne, donc, n'avait prévu la détermination du jeune étudiant et l'on ne voulait pas y croire.

CHAPITRE DEUXIÈME

LE SÉMINAIRE : ISSY ET SAINT-SULPICE
AIRE-SUR-LA-LYS — LE SUPÉRIEUR DE COLLÈGE
SON CONCEPT D'ÉDUCATION
DIFFICULTÉS
DÉMISSION — DESSEIN DE DIEU

RAOUL de Préville avait choisi comme confident de sa pensée ce même prêtre qui l'avait toujours soutenu pendant ses études de droit, M. l'abbé de la Foulhouse, vicaire de Saint-Sulpice. Ce fut en sa compagnie et sous sa protection qu'il se présenta à Issy. Le vénérable M. Icart, de sainte mémoire, y faisait justement sa retraite. Il reçut affectueusement le jeune homme, qui portait encore l'habit laïque, et qui n'avait même pas pris le temps de se dépouiller de sa barbe magnifique.

Quelques jours plus tard, le 30 Avril 1868, M. de Préville revêtit la soutane : c'était le jour où l'on célèbre dans les maisons de Saint-Sulpice, la fête de la Vie intérieure de Notre-Seigneur Jésus-Christ.

Au séminaire, l'aménité et la franche piété de l'abbé de Préville ne discontinuèrent pas. « Ce qui me frappait dès le commencement, dit un de ses condisciples, c'étaient ses communions fréquentes, faites avec une grande foi. Comme il a été bon pour M. Davrance (1) qu'il s'est appliqué à habituer au séminaire ! Il était de tous les groupes qui se distinguaient par la dignité, les œuvres et la piété. »

Sa belle nature ne fit que se développer à la forte école de Saint-Sulpice.

L'abbé de Préville resta peu de temps à la maison d'Issy. Ses supérieurs l'ayant envoyé, après quelques mois seulement, au séminaire de Paris, il redoubla d'activité pour ne rien perdre de la préparation cléricale.

« Ma bonne mère, tu me demandes si je pourrai vous écrire souvent : je crains que non, parce que je m'organise, et qu'une fois organisé, il ne me restera guère de temps. Mais, sois sans inquiétude, si j'ai la moindre chose, tu le sauras. Il ne faut donc point te tourmenter ; si tu ne reçois pas mes lettres aussi souvent, ce sera tout simplement parce qu'il y aura un devoir plus considérable qui l'emportera sur le plaisir.

---

1. M. l'abbé Davrance est mort il y a quelques années, après avoir occupé assez longtemps la chaire de philosophie, au Collège Saint-Bertin, à Saint-Omer. C'était un prêtre aussi instruit que modeste.

« Sais-tu bien que ce n'est pas une petite affaire de penser que si nous n'employons pas consciencieusement notre temps, et les moyens que Dieu a mis entre nos mains, nous serons responsables des décisions fausses que nous aurons données ! J'ai refusé les catéchismes pour le moment, quitte à m'y mettre plus tard, parce que, d'après l'avis de mon directeur, je dois faire de la philosophie, en compensation des cours que j'aurais dû suivre cette année. »

A mesure que le terme du sacerdoce se rapproche, l'abbé de Préville est plus préoccupé de l'idée d'être un prêtre de zèle et de sainteté : « C'était aujourd'hui la première communion à Saint-Sulpice, écrit-il toujours à sa mère, et, bien que n'étant pas catéchiste, on m'a prié de rendre quelques services. J'ai pu voir les enfants auxquels je m'étais donné tout entier l'année dernière, venir recevoir Notre-Seigneur pour la première fois et dans de bonnes dispositions. Ce qui m'a fait aussi grand plaisir, ce fut de voir que plusieurs enfants sur lesquels je ne comptais guère, s'y sont retrouvés ; d'autres, au contraire, qui, l'année dernière, me paraissaient dans les meilleures conditions, ne sont plus revenus. Il y a donc eu des peines et des joies dans ma journée. N'est-ce point là toute la vie d'un prêtre ? Ce qui fait précisément la vie d'un bon prêtre, c'est d'être toujours sur la brèche pour encourager ceux qui combattent vaillamment, pour rappeler et arrêter les transfuges, et surtout, pour ouvrir tout grands aux vieux pécheurs qu'il faut ramener à Jésus-Christ, les bras de la miséricorde. Oui, c'est là une noble vie ; remerciez avec moi le bon Dieu de la grâce incomparable de m'appeler à devenir son prêtre et à travailler pour lui. »

L'abbé de Préville traçait ce vrai programme sacerdotal, un mois avant de recevoir le sous-diaconat, dont il annonçait ainsi l'heureuse nouvelle à sa famille :

« C'est dans quelques semaines que j'aurai le bonheur de me donner tout entier à Dieu ; faible sacrifice que je lui ferai pour toutes les grâces dont il n'a cessé de me combler depuis que je suis en ce monde. Puisse-t-il le recevoir et faire de moi un saint prêtre ! Je dis « sacrifice » mais vraiment ce mot ne rend pas ce que j'éprouve ; il n'y a pas de sacrifice à renoncer à une liberté que je donne à Dieu. Si cet acte a quelque chose de pénible, je ne le vois pas ; je vois seulement que Dieu me traite en enfant gâté. Combien je serais coupable si je ne répondais point plus tard à tant de grâces que Notre-Seigneur m'aura faites !

« Ma bonne mère, si tu vas à la Visitation, recommande mon sous-diaconat aux prières de la Communauté, ainsi qu'aux différents monastères dans lesquels tu connais de saintes âmes. »

L'abbé de Préville termina ses études théologiques au mois de juin 1871. Son premier acte fut de se mettre à la disposition de l'autorité diocésaine. Mgr Lequette, cet évêque si bon qui a laissé dans son diocèse des souvenirs qui vivent toujours, occupait le siège d'Arras. Monseigneur connaissait M. de Préville : il savait en particulier l'attrait que celui-ci ressentait pour les jeunes gens ; il crut favoriser cette inclination en lui offrant la direction du collège Sainte-Marie, à Aire-sur-la-Lys.

L'abbé de Préville n'était encore que diacre (1) ; cependant, il était déjà connu par un passé d'œuvres et de généreuse abnégation : la nouvelle de sa nomination fut accueillie par tous avec la plus grande joie.

Il y avait un an que le collège d'Aire

----

1. M. de Préville fut ordonné prêtre au mois de septembre 1871.

était fermé. Pendant une période de dix-huit années, il avait joui d'un continuel crédit. Les prêtres de la Société de Saint-Bertin le dirigeaient : l'instruction y était sérieuse, et l'éducation solidement chrétienne. D'excellents prêtres en avaient été les supérieurs : un saint Père spirituel semait la piété. Soudain, en 1870, on apprend la fermeture de Sainte-Marie. Voici ce qui s'était passé. Pour des motifs que nous ignorons, la Préfecture avait mis des lenteurs à approuver le nouveau bail voté par la Ville. Depuis plusieurs mois, on attendait en vain le placet de l'administration. En présence de ces difficultés, la Société de Saint-Bertin avait cru devoir fixer un terme. Le terme venu et l'approbation manquant, les prêtres de Saint-Bertin se retirèrent, au grand regret de la Ville.

C'était alors l'époque terrible de la guerre. Le collège devint dépôt d'armes pour les bataillons de mobiles et mobilisés qui étaient exercés à Aire. Après la conclusion de la paix, un nouveau bail de neuf ans fut signé, et, cette fois, approuvé. Mgr Lequette agréa l'offre du Conseil municipal et consentit à ajouter les classes de seconde et de rhétorique à celles qui existaient précédemment.

Tel était le collège dont M. de Préville devenait le supérieur, à l'âge de vingt-six ans. Il aborda ses nouvelles fonctions avec le sérieux qu'il apporta toujours en toutes choses. En réalité, tout était à refaire dans l'établissement de Sainte-Marie. Les élèves anciens avaient presque tous été casés pendant l'année de vacance. Quelques pensionnaires seulement purent revenir de l'ancien temps. Une trentaine de nouveaux s'y joignirent. A cela, ajoutons un certain nombre d'externes anciens et nouveaux. C'est sur cet ensemble qui, vers la fin de l'année, atteignait presque la centaine, que va s'exercer le zèle de M. de Préville.

Nous n'avons pas l'intention d'entrer ici dans de grands détails. M. de Préville, comme tout prêtre chargé d'une école secondaire, s'efforça de donner à ses élèves « une instruction sérieuse jointe à une éducation solidement chrétienne. » (1) Cependant il importe, croyons-nous, de faire ressortir ce que nous pourrions appeler son concept personnel sur la manière d'élever les enfants. C'est ici que nous allons voir, dans un jour

---

1. Programme.

complet, la physionomie du futur apôtre.

Dès la première heure de son supériorat, M. de Préville fit le procès des faux systèmes d'émulation, employés dans la plupart des collèges. Selon lui, on abuse des récompenses. On pousse l'enfant au travail, non pas d'après les lois immuables de l'honneur, de la loyauté et du devoir, mais par l'appât mesquin d'un objet qu'on fait briller devant ses regards avides. « Nous oublions trop que nos enfants sont raisonnables, par conséquent susceptibles de réflexion. Tout système qui tendra à fausser cette aptitude naturelle rendra pour l'enfant l'étude ennuyeuse, et par suite, nous serons dans l'obligation de développer chez lui, outre mesure, l'amour-propre, par un système complet de récompenses qui seront bien vite usées. En tout cas, au moment de la sortie du collège, l'échafaudage des récompenses est terminé, et fait place à la vie sérieuse et ennuyeuse où vous coudoyez à chaque pas l'indifférence pour ce mérite que vous étiez habitué à faire l'objet des regards de toute une maison. » (1)

____

1. Lettre à un prêtre qui demandait son adhésion à un projet de formation d'une alliance entre les maisons d'éducation.

Ailleurs, il dit : « Il faut travailler à développer les sentiments vrais. Je désire — également et uniquement dans ce but — que ces messieurs, qui voudraient en classe établir des systèmes particuliers d'émulation, aient l'obligeance de m'en causer auparavant ; car je pense que l'on peut s'en passer. L'an prochain, les places ne seront rendues qu'à la fin de chaque trimestre, en séance solennelle. (1)

On comprend la pensée de M. de Préville. Il veut former des hommes. Et pour arriver à ce but, il travaille à développer la conscience par les principes de foi, de devoir, d'honneur. Donner une large place aux récompenses, c'est flatter l'amour-propre, c'est porter les enfants au travail par des motifs qui ne les inspireront plus lorsqu'ils seront dans « la vie sérieuse et ennuyeuse » ; c'est faire du labeur quotidien, non pas un objet de vertu et une victoire désintéressée, mais une occupation mercenaire et terre à terre dont l'enfant attend le paiement immédiat.

Nous avons entre les mains plus de vingt

---

1. Journal de M. de Préville, 6 juillet 1872.

lettres, écrites à des supérieurs, dans lesquelles M. de Préville revient à chaque instant sur ces idées qui lui paraissaient capitales. Il tâche de faire partager ses principes à ses collaborateurs ; il répond avec conviction à ceux qui lui font des objections sur ce régime trop « libéral » ; en un mot, il ne conçoit pas autrement l'éducation des enfants, et c'est ainsi qu'il entend la pratiquer. (1)

Dès lors, son regard cherche l'âme, dans l'œil de l'enfant, avec la persévérance infatigable d'un apôtre. Il ne ménage ni son temps, ni sa peine pour traiter personnellement chacun de ses élèves. Il pousse les « mauvaises têtes » à la générosité, il leur demande de faire du bien à leurs camarades. « Que de prières, de petites mortifications, de communions ferventes, d'actes de dévouement pendant les récréations, il a obtenus de ses petits collégiens. » (2)

Quand le digne supérieur avait ainsi gagné la confiance, il demandait, en effet, des choses étonnantes. Il ne flattait jamais ; mais

---

1. Lettre à M. le Supérieur du Grand Séminaire.
2. Témoignage d'un ancien élève.

le prêtre de Jésus-Christ était tellement visible dans sa personne qu'on ne pouvait guère lui résister. « Jamais, sinon du bout des lèvres, on ne discutait ses désirs. » Heureux ceux qui apprirent de lui, dans des directions qui semblaient des écoles de chevaleresques combats, à dompter leurs égoïsmes, leurs faiblesses, pour former le chrétien ferme, élevé, dévoué quand même ! M. de Préville a laissé une telle impression dans leurs âmes qu'aujourd'hui encore, le souvenir de ce saint prêtre reste, pour eux, un encouragement à faire le bien, et un reproche dans les moments de lassitude ou de découragement.

Cette méthode est celle que M. de Préville pratiquera toute sa vie. Le Directeur de Patronage se montre déjà dans le Supérieur de collège. Il pensait qu'il n'y a pas deux manières d'élever les enfants, l'une applicable aux œuvres de jeunesse, l'autre particulière aux maisons d'éducation, puisque les enfants sont partout les mêmes, et qu'on ne doit avoir, en s'occupant d'eux, qu'une seule ambition, celle d'en faire des hommes pour l'avenir. « Ma conviction est que pour faire des hommes avec des enfants, il faut agir avec eux comme avec des hommes. On croira peut-être que je suis dans l'erreur ; il n'en est pas moins vrai que je ne puis pas, à volonté, me départir d'une conviction qui ne s'est formée chez moi qu'après bien des expériences, petit à petit, et qui est de plus, j'ose le dire, le fruit de longues réflexions. » (1)

M. de Préville eut bientôt de nombreuses sympathies auprès des familles qui lui confiaient leurs fils. A vrai dire, le supérieur de Sainte-Marie n'épargna rien : il dispensa largement l'aliment spirituel, intellectuel et physique. (2) Nous avons parlé de son action personnelle. Il tint, en outre, à donner à son petit peuple un surveillant général et un maître de discipline qui centralisaient le soin ordinaire des enfants. Chaque classe posséda bientôt un titulaire distinct. Des cours de

---

1. Lettre à M, le Supérieur du Séminaire.

2. Depuis son passage dans cette maison, le collège Sainte-Marie, qui est sa première œuvre, a prospéré : des congrégations pour les différentes catégories d'élèves, une conférence de Saint Vincent de Paul pour les aînés, contribuent à réaliser, autant qu'il se peut, le but élevé et pieux de l'apôtre qui y a jeté la semence de vie. Les fortes études y sont en honneur ; l'éducation — cette éducation solidement chrétienne qu'il ambitionnait — est à la hauteur de l'instruction. Le collège d'Aire marche l'égal des plus florissantes institutions catholiques, si nombreuses, cependant, sur cette terre féconde du diocèse d'Arras.

langues étrangères furent organisés ; on ouvrit une double bibliothèque, et un cabinet de physique ; M. de Préville était prêt à tous les sacrifices pour faire de sa maison, une maison modèle, rêvant pour elle cependant, moins le nombre que la valeur des sujets en formation.

Comment ces heureux débuts et ces nobles desseins n'eurent-ils que la durée de l'année scolaire 1871-72 ? En effet, à la fin du mois de juillet, M. de Préville pria Mgr Lequette, évêque d'Arras, d'accepter sa démission de supérieur. Nous avons sous les yeux une longue correspondance échangée entre l'autorité diocésaine et le supérieur de Sainte-Marie, dans laquelle celui-ci persiste, avec cette énergie qui fut une des caractéristiques de sa vie, à maintenir son idée de se retirer, tandis que l'Evêché lui adresse l'expression des raisons les plus convaincantes pour le déterminer à rester. M. de Préville ne voulut pas rester. Le 4 septembre 1872, M. le Supérieur du Séminaire, vicaire général, lui écrivit :

« Evêché d'Arras, 4 septembre 1872.

« Mon cher Monsieur de Préville,

« Après avoir entendu mon compte rendu de

la conversation de samedi dernier, et les observations nombreuses qui lui ont été faites, Monseigneur... a cru devoir accepter l'offre réitérée que vous avez faite de votre démission, et nommer un autre supérieur au collège d'Aire.

« Vous connaissez assez les difficultés d'une administration pour comprendre qu'elle doit agir assez souvent contre les inclinations du cœur. C'est ce qui arrive en cette circonstance.

« Veuillez me croire votre très humble et très obéissant serviteur.

« PORTENART, *Vic. Gén.* »

Dieu accomplit ses desseins à travers toutes les circonstances. Sans doute, quelques diversités d'opinions s'étaient produites sur un ou deux points, dans plusieurs membres du personnel enseignant ; mais elles n'avaient en rien altéré, chez aucun, la profonde estime, et, chez la plupart, la très sympathique admiration pour leur supérieur. En apparence, M. de Préville se retira parce qu'il n'avait pas une pleine liberté d'action pour mettre en pratique le système d'éducation qui lui paraissait le seul bon, mais, en réalité, Dieu le voulait dans un genre de vie encore plus militant. M. de Préville doit être, avant tout, un père de jeunesse, de cette jeunesse ouvrière qui a tant besoin, dans notre siècle, qu'on s'occupe d'elle pour la détourner des abîmes et la porter au bien. (1)

---

1. Le lecteur aura sans doute remarqué qu'en ce qui concerne le ministère de M. de Préville à Aire-sur-la-Lys, nous avons cité, sans apprécier. Son système d'éducation n'a pas été et ne sera pas sans rencontrer des contradictions. Que chacun juge selon ses préférences.

CHAPITRE TROISIÈME

M. DE PRÉVILLE DANS SA FAMILLE
L'ÉGLISE DE MONT-LAMBERT — CURE REFUSÉE
L'AUMONIER D'ORPHELINAT
DÉBUTS D'UN PATRONAGE — OU SE FIXER ?
L'ŒUVRE EST INSTALLÉE
DANS LE LOCAL DE L'ANCIEN PETIT SÉMINAIRE

AVANT de quitter l'établissement Sainte-Marie, M. de Préville régla toutes les affaires de son administration, avec un soin délicat et une grande générosité, n'enlevant du collège que ce qui était sa propriété tout à fait particulière. (1) Il se retira alors au milieu des siens, dans l'ancienne habitation de famille. Il y passa près de six mois. Ce fut un temps de retraite et de recueillement. Il ne quittait sa solitude que pour faire un peu de ministère à Saint-Martin-les-Boulogne, quand M. le Curé de la paroisse réclamait ses services, ou pour remplacer un professeur chez Mgr Haffreingue, lorsque cette chère maison, qui l'avait élevé, faisait appel à son dévouement.

Une autre œuvre, cependant, sollicita bien-

---

1. Lettre à Mgr Lequette.

tôt son zèle de prêtre et d'apôtre. Autour du château de Mont-Lambert, il y avait plusieurs centaines d'habitants, forcés chaque dimanche d'aller entendre la messe à l'église de Saint-Martin, située presque à une lieue de là. On manque facilement au devoir, lorsqu'il faut passer par dessus de tels obstacles, pour le remplir. M. de Préville voyait depuis longtemps, avec regret, ce triste état de choses, dont sa famille n'était pas moins désolée que lui. Pour y mettre fin il conçut le généreux projet de bâtir un centre de prières dans ce quartier jusque-là déshérité. On commença sans retard, et le 30 novembre 1873, Mgr Lequette bénissait solennellement cette église de Mont-Lambert, aujourd'hui si utile à la population nombreuse qui s'est groupée aux environs. (1)

Cependant, M. de Préville était dans une grande perplexité d'esprit. Que devait-il faire pour répondre aux desseins de Dieu sur son avenir? Il ne pouvait pas continuer à mener cette vie de famille, quelque douce qu'elle fût : un prêtre appartient aux âmes. « Une

---

1. Cette chapelle de secours est desservie par le clergé de Saint-Martin.

seule peine, dit-il, me préoccupait ; quelle était la volonté de Dieu sur moi. Je priais, j'écoutais, au fond de mon cœur, la voix de Dieu, et la lumière ne se faisait pas. » (1)

Une précieuse indication, pourtant, était de nature à le rassurer, c'était l'attrait qui le poussait à consacrer sa vie au soin de la jeunesse. « Il me semblait indifférent de connaître quels enfants j'aurais à diriger, mais il me fallait des enfants à conduire au bon Dieu. »

Voici comment ses hésitations furent dissipées. « Au milieu de ce trouble d'esprit et de cœur, Mgr l'évêque d'Arras m'offrit un poste de curé : c'était le moment que Dieu attendait pour m'éclairer. J'écrivis à Monseigneur pour le remercier et le prier en même temps de me laisser essayer un patronage. Cette œuvre n'était pas nouvelle pour moi, puisque, pendant tout le temps de mes études de droit, j'avais passé chaque dimanche au patronage Saint-Charles sous la direction du « Bon Père » Jean-Marie. (2) Monseigneur me répondit qu'il m'autorisait à commencer cette œuvre. »

---

1. Notes écrites par M. de Préville lui-même.

2. Le « bon Père » Jean-Marie dont il est déjà question dans un précédent chapitre, fut l'un des premiers Frères de Saint Vincent de Paul.

C'était à la fin de l'année 1872. M. de Préville vint s'installer à Boulogne dans une petite maison de la rue Tour-Notre-Dame : (1) « une maison de vicaire », comme il disait lui-même ; puis se mit immédiatement en quête d'un local pour son œuvre future. Malgré d'actives recherches, n'en trouvant pas à sa convenance, il demanda à un pieux laïque (2) qui dirigeait un orphelinat, de l'autoriser à dire la sainte messe dans sa chapelle et à s'occuper un peu de ses enfants. L'abbé de Préville voulait travailler : il se fit donc l'aumônier de quelques orphelins à qui il enseignait le catéchisme, et dont il ouvrait les âmes à la vie chrétienne au moyen d'une instruction familière qu'il leur adressait chaque soir.

Il en fut ainsi jusqu'après la fête de Pâques de l'année 1873. Grâce à M. de Préville, cette grande solennité religieuse fut célébrée avec un éclat inaccoutumé, dans la petite chapelle de la rue Desille. Touchant spectacle, vraiment, que celui d'un prêtre de grand nom et de noble famille, se dévouant ainsi

---

1. C'est le n° 5.
2. M. Flour.

volontairement à des enfants pauvres et abandonnés ! Mais ce que l'abbé de Préville voulait, avant tout, c'était un patronage. Telle
était sa préoccupation constante ; de plus, il
ne tarda pas à sentir, avec son zèle ardent,
que ses journées n'étaient pas suffisamment
remplies par une messe célébrée à l'orphelinat,
et par un petit mot dit, le soir, à quelques
enfants.

C'est alors que l'idée lui vint d'utiliser la
cour de cet établissement qui lui avait ouvert
ses portes, pour l'œuvre qu'il projetait. Puisqu'il ne trouvait pas de local qui pût lui con-
venir, pourquoi ne grouperait-il pas le jeudi, à
l'heure où les orphelins sont en promenade,
quelques enfants des écoles qu'il recruterait
comme il pourrait ? Assurément, personne
autour de lui, ne l'encourageait à persévérer
dans son dessein. Le dirons-nous ? Ses confrères
même, et surtout, lui faisaient de fortes objections. « Vous ne réussirez pas, lui disait
un des membres les plus haut placés du
clergé (1), vous ne réussirez pas ; j'ai essayé
avant vous : il n'y a rien à faire, en ce genre. »
M. de Préville n'écouta que son zèle d'apôtre

---

1. M. Caboche, curé de Saint-Nicolas.

et demanda au directeur de l'orphelinat une permission qui lui fut gracieusement accordée.

La cage était trouvée : il s'agissait maintenant de la remplir. L'abbé de Préville n'avait pas sous la main ce premier noyau que tout prêtre de paroisse rencontre, sans aucune peine, parmi les enfants de ses catéchismes. Lui se trouvait sans nulle ressource de ce genre, puisqu'il n'était attaché à aucune église. Il y avait, en ce moment, à la paroisse sur laquelle il habitait, un excellent vicaire (1) avec qui il était en relations d'amitié ; il fut chez lui, lui expliqua son projet, lui exposa son désir de commencer immédiatement et lui demanda sa bienveillante collaboration pour les difficiles débuts de son œuvre.

M. l'abbé Sagot accepta de grand cœur. Le jeudi suivant, on le vit arriver avec tous les enfants du catéchisme de première communion, dans la cour de l'orphelinat : il engagea aussitôt une vigoureuse partie qui excita immédiatement la bonne humeur de ce petit monde d'écoliers en liberté.

L'œuvre du patronage était fondée. M. de Préville conserva toujours une vive recon-

---

1. M. Sagot, mort archiprêtre de Saint-Omer.

naissance envers ce prêtre, bon et dévoué, qui lui avait donné son concours dans cette chose si difficile qui s'appelle le début d'une œuvre. Ainsi s'affirma, une fois de plus, cette heureuse et féconde alliance, qui est une des forces de l'Eglise en notre siècle, du ministère paroissial et des initiatives diverses inspirées par le zèle individuel ou par l'action d'une famille religieuse.

Une semaine plus tard, les mêmes enfants revinrent, conduits par le même prêtre. « Je commençais tout de suite, dit M. de Préville, les exercices que j'avais vu pratiquer dans les patronages de Paris. » Les enfants arrivaient vers deux heures ; ils jouaient jusqu'à quatre heures, puis le directeur racontait une histoire pour couper l'après-midi et l'on se séparait vers le soir, après avoir récité une dizaine de chapelet.

Cependant les quinze ou vingt enfants des deux premières séances n'étaient pas toujours fidèles. Parfois M. de Préville se trouvait en face de deux ou trois seulement. Quel sujet de découragement ! Combien de natures moins fortement trempées que la sienne n'auraient-elles pas cédé ? Lui ne désespéra jamais.

« Dans les premières semaines, je puis dire que

je ne dus la réussite qu'à une grande énergie : car bien des fois, mes enfants se trouvèrent réduits à quatre ; quelquefois un seul venait ; mais quelque restreint que fut le nombre, je n'en continuais pas moins la réunion telle que je l'avais organisée le premier jour, et telle qu'elle a continué jusqu'à présent. »

Leçon précieuse à recueillir pour tout apôtre qui entreprend une œuvre de jeunesse ! Il ne faut point penser surtout, que le nombre est nécessaire pour commencer ces sortes de réunions : quelques enfants suffisent : quelques enfants choisis pour leurs bonnes dispositions, et qu'on peut ainsi mettre à la base de l'œuvre en leur inspirant l'esprit de piété et d'apostolat. Et puis, ne pas s'étonner ni se décourager lorsqu'on remarque, après un certain temps, les défections se produire : c'est la vengeance du démon qui passe sur l'œuvre et qui lui sert d'épuration salutaire. Ainsi l'ont pensé et l'ont dit tous les directeurs d'œuvres de jeunesse : ainsi ne manquait pas de le redire M. de Préville quand on le consultait — ce qui arrivait souvent — pour un projet de cercle ou de patronage.

Pour s'attacher plus étroitement ces pré-

mices de son œuvre, l'abbé de Préville imagina de donner à ses enfants, en récompense
de leur fidélité, des « jetons » avec lesquels
ils pouvaient acheter des objets utiles. « Bonne
séance au patronage du jeudi ! écrit-il dans
ses notes, j'ai distribué sous forme de vente,
à mes enfants, de petits objets qui leur ont
fait grand plaisir ; les couteaux principalement ont eu un magnifique succès. »

Mais M. de Préville les gagnait surtout par
la bonté. Son but était bien plutôt de les
instruire et de les amener au bon Dieu. Pour
cela, il s'attachait particulièrement à se faire
comprendre de ces petits enfants en mettant
ses catéchismes et ses instructions à la portée
de leur faible intelligence.

« J'ai remarqué, dit-il, l'immense parti qu'on
peut tirer de l'explication des images ; il s'en
dégage une émotion facile qui grave facilement
dans les jeunes cœurs ce que ne pourrait faire
l'instruction la plus longue. Vous pouvez ainsi
maintenir leur attention un temps considérable sur un sujet qui leur échappe d'ordinaire. Exemple : je me suis servi d'une image
pour expliquer le saint sacrifice de la messe
et son influence sur les âmes du Purgatoire :
attention complète. Également je leur ai fait

toucher du doigt la réalité de la présence de Notre-Seigneur Jésus-Christ à l'élévation. Je ne négligerai pas ce petit moyen. Seulement, continue-t-il, avec une humilité que nous aurons bien des fois l'occasion d'admirer, j'aurai soin de préparer mon explication, qui, devenant plus claire, deviendra en même temps plus saisissante et pourra produire ainsi de plus heureux effets, si vous voulez bien me bénir, ô mon Dieu ! »

Le bon Dieu le bénit si visiblement que ses enfants lui demandèrent bientôt une deuxième réunion qui se ferait le dimanche. Grande difficulté à résoudre ; car le dimanche, la cour de l'orphelinat n'était pas libre ; les orphelins qui n'allaient pas en promenade ce jour-là, y prenaient leurs ébats. De plus, une raison d'ordre supérieur imposait le départ. L'orphelinat venait d'être vendu pour servir de logement à la maréchaussée. Que va faire M. de Préville ? Se mettre à la recherche d'un local propice, comme l'année précédente. « Je cherchais partout où j'aurais pu trouver une grande maison avec une cour spacieuse. J'avais vainement arpenté tous les quartiers de la haute ville ; rien de convenable ne se présentait : j'en étais attristé. »

Ceux de nos lecteurs qui connaissent Boulogne se demanderont peut-être pourquoi ce prêtre au zèle ardent, cet ami des pauvres, n'a pas pensé à choisir comme théâtre de son action apostolique, un de ces quartiers déshérités — il y en a plusieurs dans cette ville de 50 000 âmes — où l'industrie moderne a groupé par milliers, depuis quarante ans, les ouvriers et les malheureux de ce monde ? Quel bien réaliserait une communauté qui voudrait enfin se fixer au milieu de ce peuple bon, mais ignorant, mais détourné de la religion, et qu'il faudrait à tout prix ramener à Dieu ! M. de Préville aurait eu sur ces populations ouvrières une profonde influence, par son zèle, par sa piété, par son grand nom. Aussi, c'est justement au milieu d'elles qu'il aurait *désiré* établir son œuvre. Il avait jeté les yeux sur ce quartier de Capécure qui était alors en formation et qui constitue aujourd'hui l'une des plus puissantes agglomérations ouvrières du nord de la France (1). Il l'a répété bien souvent à ses intimes ; mais

---

1. Voir le très intéressant travail de M. le chanoine Joncquel sur Capécure intitulé : *l'Établissement religieux de Capécure.* Librairie Mlle Deligny, Boulogne-sur-Mer.

c'était aller contre les intentions de sa famille, de son père surtout.

M. de Préville cherchait donc toujours un local pour son œuvre en détresse, lorsqu'un jour, confiant sa peine à ce même prêtre qui l'avait aidé au début du patronage, celui-ci lui dit : « Il y a là l'ancien Petit Séminaire, pourquoi ne demandez-vous pas à en disposer ? »

« Comment n'y avais-je pas pensé, raconte l'abbé de Préville, je ne saurais le dire. Quoi qu'il en soit, je me rendis chez M. le Doyen de la Cathédrale, qui m'accorda très gracieusement la jouissance de la cour et de plusieurs grandes salles. »

La nouvelle, l'heureuse nouvelle, circula rapidement et fut accueillie avec la plus grande joie par les enfants de M. de Préville.

Il y entra, sans retard, le dimanche suivant, c'est-à-dire le dimanche de Quasimodo, 1873. Date célèbre dans l'histoire du patronage : c'est la date de la véritable fondation. On la célèbre chaque année, avec une allégresse toute chrétienne : ce jour-là, c'est grande fête à Notre-Dame des Apprentis ; les anciens de l'œuvre ne manquent pas d'y revenir, comme,

à certaines heures, on revient à un berceau,
pour revoir cette maison où Dieu leur a
donné de passer les moments les plus doux
de l'existence. (1)

1. De l'œuvre de Mgr Haffreingue sont sorties deux maisons
d'éducation, aujourd'hui très prospères : le collège des Jésuites et le
Petit Séminaire de l'Immaculée-Conception.

L'ANCIEN Petit Séminaire dans lequel le zélé fondateur venait d'installer son œuvre, avait besoin d'être approprié à la destination nouvelle qu'on lui donnait. Tel qu'il était, cependant, il fallait remercier Dieu d'avoir trouvé cet immeuble. M. de Préville le reconnaissait volontiers. « Si ce n'était pas encore la perfection, c'était, au moins, une vraie amélioration. »

Il y avait, au rez-de-chaussée, une grande salle qui devint la salle des jeux, la salle des histoires et des avis, la salle des jeux bruyants quand il faisait mauvais temps ; en un mot, le centre de l'œuvre. Au-dessus, à l'étage, se trouvait l'emplacement de l'ancienne chapelle, dans le plus triste état de délabrement ; en face, une cour, l'ancienne cour des séminaristes, assez restreinte dans ses proportions, suffisante pourtant, pour une œuvre naissante. « J'installais mon petit monde dans la grande salle et après une courte explication, une esquisse de règlement, je descendis avec mes enfants dans la cour où je commençai un jeu du pays, qu'on appelle *quanime*. »

Le même entrain qui avait régné à l'Orphelinat de la rue Désille transformé en Patronage, se retrouva dans le nouveau local de la rue de Lille. Les enfants ressentaient, de plus, la joie que leur donnait l'espoir d'avoir désormais une installation définitive. Ils ne tardèrent pas à toucher à la centaine.

L'abbé de Préville pensa que le moment était venu de donner une physionomie à son œuvre. Son premier désir fut d'y ouvrir une chapelle. Une œuvre de jeunesse qui n'a point son sanctuaire spécial, son centre de prières particulier, son tabernacle à elle, est une œuvre nécessairement incomplète. Beaucoup de saints prêtres, parmi ceux qui se sont dévoués dans ces sortes de ministères, conseillent de commencer par là. On doit mettre le bon Dieu dans les fondations, s'il est permis de parler ainsi. M. de Préville, naturellement, était de cet avis. Il disait qu'on peut bien se passer de salles, même

de cour, puisque lui-même — nous le verrons bientôt — a dû quelquefois se réfugier
sur le rempart de la Haute-Ville ou sur les
grands chemins, mais de chapelle, jamais.

Lui, pourtant, n'en avait pas encore
dans son œuvre qui prospérait. Il en éprou-
vait une grande peine, et sa peine était d'autant plus vive, que dans cet ancien Petit
Séminaire qu'il avait bien connu jadis, une
chapelle existait à l'usage des élèves de
l'établissement.

Or cette salle, qui autrefois avait été la
chapelle, était toujours là, mais ne servant
plus que de débarras. « J'avais le cœur bien
gros, dit-il quelque part, quand je passais
devant la porte. » Cette tristesse fit naturellement naître dans son esprit et dans son
cœur l'idée et le désir de rouvrir l'ancien
sanctuaire. Seulement, pour en arriver là,
« il fallait, continue-t-il, déranger les habitudes de beaucoup de monde, et je crai-
gnais de ne pas réussir ; mais j'eus recours,
comme toujours, à la Sainte Vierge, et voici
qu'à l'ouverture que je fais à M. le Doyen
de rendre la chapelle à son premier usage,
je reçois une permission fort aimable. Immédiatement, je me mets en quête de tout ce

qui était nécessaire, et bientôt ma chapelle est installée, très simplement, mais elle est installée. »

La chapelle une fois trouvée, il s'agissait d'en tirer aussitôt parti. C'est alors que vint à M. de Préville l'idée de réaliser à Boulogne, ce que M. Allemand avait obtenu dans son œuvre de Marseille, (1) à savoir la récitation quotidienne du chapelet. Déjà, à la rue Désille, on connaissait et on pratiquait cette prière, mais jamais on n'était allé plus loin que la première dizaine. Le directeur de la rue de Lille pouvait donc se demander comment on accueillerait sa proposition. Ici encore, le désir d'honorer et de faire aimer la Sainte Vierge fit que M. de Préville passa outre à toutes ses craintes. Après avoir beaucoup prié, il se décida donc à parler de son projet à son petit monde. Cette demande fut acceptée avec enthousiasme. Le jour même, on termina la soirée par la récitation du chapelet. Depuis cette heure, plus de vingt années se sont écoulées, mais pas un jour ne s'est terminé au Patronage de Notre-Dame des Apprentis, sans

---

1. *Vie de M. Allemand*. Gaduel, 2e éd.

que Marie n'ait reçu le tribut de ces prières d'enfants, si douces à son cœur maternel. Que de couronnes d'une louange pure déposées sur son front ; que de grâces répandues sur l'œuvre de celui qui a si bien su la faire aimer ! (1)

Une autre innovation, plus heureuse encore, fut bientôt tentée par notre saint prêtre. Jusqu'à l'époque où nous sommes arrivés, l'abbé de Préville célébrait chaque jour la sainte messe à l'église Notre-Dame. Même le dimanche, c'était dans ce sanctuaire qu'il offrait l'auguste sacrifice. Ceux de ses enfants qui ne fréquentaient plus les écoles avaient ordre de l'y accompagner. Mais ils obéissaient plus ou moins exactement ; on les voyait arriver, qui, au commencement, qui, à la fin de la messe. M. de Préville souffrait de ces négligences apportées dans le service de Dieu. Selon lui, il n'y avait d'autre remède à ce mal que de donner la messe à ses enfants, dans leur propre chapelle, à une heure favo-

---

1. Afin de retenir l'attention de ses enfants, M. de Préville introduisit bientôt l'usage de faire chanter, entre chaque dizaine, un couplet de cantique, ou de dire quelques mots familiers sur les mystères du Rosaire. Cet usage si précieux dans une œuvre de jeunesse, existe toujours.

rable pour tous. C'est ce qu'il résolut d'exécuter immédiatement. Une permission qu'il demanda à l'Évêché et qu'on lui accorda aussitôt le mit à même de commencer le dimanche suivant. Une douzaine d'enfants assistèrent à cette première messe célébrée par M. de Préville dans cette chapelle du vieux séminaire. Dès lors, le sanctuaire devint comme la paroisse du petit troupeau qu'avait rassemblé le zèle de l'apôtre dévoué.

Une autre faveur vint encore réjouir le cœur de M. de Préville, ce fut de pouvoir conserver le Saint-Sacrement toute la journée du dimanche, après avoir, le matin, distribué la communion à ses enfants plus âgés. Et, comme il voyait, en tout, le côté surnaturel des choses, l'idée lui vint bientôt de profiter de la présence auguste du Sauveur pour porter encore ses jeunes gens à la piété. Voici comment il s'y prit. Il imagina de constituer une Garde d'honneur du Saint-Sacrement, et d'inaugurer ainsi dans son œuvre, ces foyers puissants de vie chrétienne et d'apostolat qui sont les associations.

Il fallait d'abord faire comprendre le grand honneur qu'on avait accordé au patronage, en lui donnant cette faveur d'avoir le Saint-

Sacrement; c'est ce que M. de Préville ne manqua pas d'expliquer, avec son éloquence persuasive, plusieurs dimanches consécutifs, dans l'instruction familière qu'il adressait à ses enfants; puis quand cette pensée fut bien entrée dans leurs esprits, il en tira cette conclusion qu'eux, de leur côté, devaient répondre à une grâce aussi insigne, en dérobant quelques instants à leurs jeux pour venir parfois adorer Notre-Seigneur; il les exhorta aussi à recevoir, au moins quelques-uns, chaque dimanche, la sainte communion. C'est alors seulement que le zélé directeur prononça le mot d'association et de Garde d'honneur. Quatre enfants répondirent à son appel. « Vous voici au nombre de quatre, leur dit M. de Préville; chacun de vous va prendre une semaine du mois pour communier à son tour. »

Bientôt leur nombre fut doublé, et en même temps le nombre des communions de chaque semaine, car l'exemple de ces petits apôtres eut pour résultat de tuer, dans l'œuvre, ce respect humain qui s'insinue partout: en les voyant communier, d'autres enfants se glissèrent près d'eux à la Table sainte.

M. de Préville voulut assurer par quelques pratiques cette association eucharistique.

Les associés devaient :

1° Réciter le plus fréquemment possible cette invocation : « Loué, adoré, remercié, soit à jamais le très saint et très adorable Sacrement de l'Autel ! »

2° Assister à la messe, en semaine, aussi souvent que possible ;

3° Réciter le chapelet en entier chaque jour ;

4° Assister à la réunion hebdomadaire.

C'étaient les membres de la Garde d'honneur, qui, chaque dimanche, escortaient le Saint-Sacrement, quand, le soir venu, le directeur portait les Saintes Réserves à Notre-Dame. Il fallait traverser un coin de la cour ; les jeux n'étaient pas terminés ; souvent même, c'était le moment de la plus grande effervescence ; mais M. de Préville inculquait une foi si vive à ses enfants, que tous tombaient à genoux, comme un seul homme, lorsque Notre-Seigneur passait au milieu d'eux. Un tel spectacle devait être bien agréable au divin Maître.

Le point principal du règlement que nous avons reproduit, c'était l'assistance à la réunion de chaque lundi. Elle produisit le plus

grand bien dans son œuvre. Le saint directeur lui donnait, en effet, une importance
capitale. Il en prenait occasion pour développer parmi les associés, l'esprit d'apostolat
et de charité fraternelle. Il leur faisait comprendre que la loi chrétienne nous oblige à
penser à nos frères, surtout à ceux qui sont
dans la peine ou dans l'isolement, et, appliquant ce principe à leur vie au patronage,
il leur disait qu' « ils venaient à l'œuvre non
pas tant pour eux-mêmes que pour le bien
de leurs camarades ».

En même temps, il leur apprenait le sacrifice, la mortification, la pénitence ; il les
poussait à la piété, en un mot, il essayait
d'en faire des apôtres par l'exemple et par
la prière.

Ces pensées sont exprimées, sous mille
formes, dans les procès-verbaux des réunions que nous avons sous les yeux. Avant
de se séparer, l'un des membres était chargé
d'offrir toutes ses prières de la semaine pour
l'association. Les associés sortaient de ces
assemblées, désireux de bien faire et pleins
de zèle pour leurs petits compagnons.

En voyant ces heureux résultats, M. de
Préville était plein de joie. Relisons à

la fin de ce chapitre, la prière si humble
et si touchante qu'il adressait à Notre-Seigneur en terminant sa première réunion de la
Garde d'honneur et que nous avons retrouvée dans ses notes.

« Bon Sauveur, Jésus-Eucharistie, Jésus,
vrai Pain de vie, soyez mon guide, comme
vous fûtes aujourd'hui mon inspirateur. *Ecce
ego, Domine, quid me vis facere ?*

« Soutenez, ô bon Jésus, mes premiers
pas dans cette voie difficile de conduire les
âmes à la perfection ; bénissez ce premier
essai de vous gagner ces chers enfants.

« Loué, adoré, remercié, soit à tout
moment, le très saint, très adorable, et très
divin Sacrement de l'autel ! »

CHAPITRE CINQUIÈME

Encore la rue de Lille — Les Jeux
La Bibliothèque — Les Vieux Papiers
L'Esprit d'Économie : Vente
d'Objets utiles achetés avec des Jetons
La Caisse d'Épargne

CETTE vie de piété que M. de Préville tenait essentiellement à mettre dans son patronage, dès le début même de son existence, ne l'empêchait pas de s'occuper des autres éléments nécessaires au développement et à la prospérité d'une œuvre de jeunesse. La question des jeux ne fut jamais pour lui une grande difficulté. Les enfants sont portés par leur nature au jeu ; dès qu'ils sont réunis, même à trois ou quatre, il faut qu'ils remuent : ils improvisent une récréation sur-le-champ. M. de Préville laissait jouer ses enfants aux jeux les plus simples, aux jeux de la rue, comme il disait quelquefois. Il ne s'occupait des détails que lorsqu'il voyait l'entrain diminuer, ou bien quand, au milieu de l'animation générale, il apercevait dans un coin de la cour, quelqu'un de ses enfants qui ne partageait pas la joie de ses camarades.

Dans ce dernier cas, il venait lui-même, ou envoyait l'un de ses petits congréganistes remettre en mouvement le membre endormi. De jeux extraordinaires, il n'y en eut guère au patronage, si prospère cependant, de la rue de Lille.

M. de Préville n'abandonnait pas ses enfants, même quand ils étaient en dehors de l'œuvre. Sa sollicitude les suivait partout. Dès le commencement du patronage, il avait projeté de fonder une bibliothèque particulière, à l'usage exclusif des enfants qui le fréquentaient. Il ne tarda pas à mettre son projet à exécution. La première distribution de livres se fit le 4 mai 1873, avec le plus grand succès. Nous verrons bientôt les magnifiques accroissements que M. de Préville dut donner à cette œuvre des bonnes lectures ; bornons-nous maintenant à dire que dès la première heure, elle trouva le meilleur accueil parmi les jeunes patronnés.

En même temps qu'il favorisait les lectures saines et bienfaisantes, l'abbé de Préville s'occupait aussi à réunir les vieux papiers au profit du Denier de Saint-Pierre, pour faire disparaître les mauvais livres. Il savait intéresser ses enfants, ses amis, ses relations, à cette entreprise doublement utile. De belles offrandes faites au Souverain-Pontife ; beaucoup de maisons purgées d'un poison qu'elles renfermaient, au détriment des âmes : tels furent les résultats de cette œuvre des « vieux papiers » à laquelle M. de Préville s'est livré pendant plusieurs années. Les caisses de livres affluaient à son domicile de la rue Tour-Notre-Dame. Il avait une fidèle domestique qui était chargée de les recevoir et de les classer. Les anciens du patronage n'ont pas oublié « Victorine » qui avait, entre beaucoup de qualités, celle infiniment précieuse, en l'espèce, de n'avoir jamais su lire. Cette heureuse ignorance réjouissait M. de Préville et lui permettait d'avoir pleine confiance dans le concours qu'apportait « Victorine » à l'œuvre dont nous parlons.

Ce fut aussi à la rue de Lille, que l'abbé de Préville travailla avec une particulière insistance, à inculquer à ses enfants, l'esprit d'économie. Ceci paraît, au premier abord, sortir du champ des œuvres de jeunesse ; mais, si l'on veut bien y réfléchir, on verra qu'il y a là un puissant moyen de s'attacher les enfants, en les formant à la vie pratique.

Pendant son séjour à Paris, M. de Préville avait été souvent frappé de voir plusieurs enfants des patronages, arriver à de belles positions dans le commerce, même à posséder des magasins magnifiques, grâce à leurs économies. Il les avait connus, et il citait leurs noms. Son désir était de former ses jeunes enfants aux mêmes habitudes. Aussi revenait-il fréquemment sur ce sujet auquel il donnait de l'importance.

De cette idée sont nées deux œuvres qui ont été longtemps en vigueur au patronage : la vente d'objets utiles achetés avec des jetons de présence, et la caisse d'épargne. Nous avons déjà dit un mot de la vente, à propos de la rue Desille ; M. de Préville, par ce moyen, voulait attirer les enfants à lui, en mêlant l'agréable à l'utile. C'est le meilleur moyen de réussir en beaucoup de choses. Après chaque séance, il donnait un jeton à chacun des membres présents : les enfants l'emportaient précieusement et l'ajoutaient aux autres, jusqu'au jour désiré de la vente. M. de Préville s'attachait à distribuer des objets de ménage qui réjouissaient les mères autant que les fils. Parfois, sage précaution, la vente était coupée par une belle histoire, qui contribuait à rendre cette séance vraiment intéressante pour tous. Aussi, le jour venu, la porte de la salle ne s'ouvrait pas assez vite, au gré des impatients acheteurs. M. de Préville tenait beaucoup à « ce petit moyen ». A la fin d'une séance qui avait particulièrement réussi, il écrivait dans ses notes ces mots touchants : « Augmentez, ô mon bon Sauveur, l'intérêt de ce petit moyen, et permettez-moi de m'en servir pour garder ces enfants près de moi et vous les donner, en leur apprenant combien votre joug est doux et votre fardeau léger. »

Si, dans le nombre des acheteurs, se trouvait, par hasard, un enfant plus fortuné, n'ayant nul besoin des objets vendus, le bon directeur de l'œuvre l'excitait à les abandonner en faveur de ses pauvres. « Au milieu de mille autres choses, écrit-il dans son journal, j'ai raconté, ce soir, l'histoire de cet enfant de Paris, qui, dans une vente, employa tous ses bons points pour acheter une paire de galoches à un pauvre petit nouveau, qui, n'ayant pas de jetons, lançait des regards d'envie sur cette bonne paire de chaussures. » C'est ainsi que M. de Préville développait les nobles sentiments dans le cœur de ses enfants.

Quant à la caisse d'épargne, il l'installa également dans son œuvre, dès le début. Il en confia la direction à un de ses meilleurs amis, catholique dévoué à toutes les bonnes causes, qui s'acquitta toujours très parfaitement de sa tâche charitable. De fortes primes étaient accordées aux déposants ; aussi, si nous en croyons les vieux registres que nous avons sous les yeux, la caisse d'épargne eut de nombreux amateurs, au patronage (1).

Ainsi se complétait, peu à peu, visiblement bénie de Dieu, l'œuvre si belle, entreprise par M. de Préville : local, chapelle, congrégation du Saint-Sacrement, bibliothè-

---

1. Transcrivons ici, à titre de document, le règlement de cette œuvre de bienfaisance.

Art. 1". — La caisse d'épargne est instituée pour faire contracter aux enfants l'habitude de l'économie et leur créer un capital dont ils auront tous besoin.

Art. 2. — Cette caisse se compose de trois sortes de fonds : les dépôts, les primes et les récompenses.

Art. 3. — Les petites sommes que l'enfant met à la caisse forment le dépôt. On reçoit les dépôts les plus faibles.

Art. 4. — Quand les dépôts atteignent un franc, il est accordé une prime de 0 fr. 25. Pour les francs suivants, la prime n'est que de 0 fr. 10., jusqu'à ce que l'enfant ait atteint, par ses dépôts, primes et récompenses comprises, la somme nécessaire pour acheter

que, caisse d'épargne, nombreux enfants assidus aux séances du jeudi et du dimanche, elle avait tout cela ; mais dans la pensée du prêtre zélé qui la dirigeait, ce n'était pourtant qu'un commencement, ainsi que nous allons le voir dans les chapitres suivants.

---

un titre de 3 fr. de rentes. Passé ce chiffre, la prime accordée est de o fr. 05 par franc.

Les fractions de franc ne sont pas susceptibles de primes.

Art. 5. — Les récompenses consistent en petites sommes accordées aux enfants qui les méritent.

Art. 6. — Chaque enfant aura sur le registre son *doit* et son *avoir*.

Art. 7. — Les primes et les récompenses ne sont acquises à l'enfant qu'à l'âge de 18 ans ou quand ses dépôts atteignent le capital nécessaire pour acheter 3 fr. de rentes.

Art. 8. — Aucune somme ne sera remise à l'enfant que sur l'avis du conseil.

Art. 9. — Quand l'enfant possédera, primes et récompenses comprises, le capital de 3 fr. de rentes au cours du jour, la caisse lui fournira le titre, frais déduits.

Art. 10. — Le compte passif des enfants comprend : les carreaux cassés, les livres perdus, etc.

Art. 11. — L'enfant qui nous quitte sans cause légitime ou qui est renvoyé, perd tout droit aux primes et récompenses. Dans ce cas, on remet à lui ou à ses parents les dépôts par lui effectués, déduction faite des sommes dues à l'œuvre.

Art. 12. — Les dépôts appartiennent en toute propriété aux titulaires. Quel que soit le motif de leur départ, ils leur seront fidèlement restitués.

Art. 13. — Les primes et les récompenses perdues par les apprentis déserteurs ou renvoyés font retour à la masse commune.

Art. 14. — Cette masse commune servira à payer les primes et les récompenses des enfants fidèles.

Art. 15. — Plusieurs fois par an, il sera rendu compte de la caisse aux enfants, et lecture sera donnée du présent règlement.

PENDANT que M. de Préville travaillait à fonder le patronage d'enfants dont l'installation avait été si laborieuse, comme nous l'avons vu, il mûrissait un autre projet, de nature à compléter son œuvre de persévérance : celui d'y attirer aussi les jeunes gens des ateliers et des bureaux, le soir, après leur travail, et le dimanche, pour toute la journée.

La difficulté était de les rencontrer et de se mettre en rapports avec eux ; de plus, il était utile de les voir seuls, en tête-à-tête, afin que le respect humain n'empêchât point une grande partie du bien qu'on pouvait leur faire.

« Pauvres enfants, s'écriait M. de Préville après une première tentative, il leur faut quelqu'un qui veuille s'entretenir avec eux, leur faire l'aumône d'écouter leurs confidences, et de les aider, en les soutenant et en les encourageant. Je tâcherai de les attirer chez moi pour les voir plus librement et leur permettre de s'ouvrir, sans avoir à craindre les camarades et sans être forcés de redire aux autres ce qui se sera passé entre nous. »

L'abbé de Préville eut bientôt la bonne fortune d'entrer en connaissance avec un excellent jeune homme qui, non seulement accepta de venir de temps en temps le voir, à son domicile de la rue Tour-Notre-Dame, mais qui avait encore le désir de faire de l'apostolat auprès de ses camarades. Membre de la conférence de Saint Vincent de Paul, il avait pris, comme tant d'autres, dans cette association, l'intelligence et le goût du zèle fraternel ; mais se trouvant isolé par défaut d'une direction et par manque d'un centre de réunion, ses efforts, bien louables, n'étaient que faiblement récompensés.

C'est avec lui que M. de Préville commença son œuvre des « grands », au mois d'avril 1873. Quelques jours plus tard, deux autres jeunes gens, puis deux autres encore, que l'infatigable directeur avait eu la joie de rencontrer, formèrent le premier noyau de la réunion qu'il projetait. Laissons-le nous raconter lui-même ce début si intéressant de l'association des « grands » :

« Mes soirées furent bientôt absorbées par quelques jeunes gens dont Notre-Seigneur m'avait fait faire la connaissance de différentes manières. Je cessai alors de m'occuper de l'orphelinat pour soigner de près ces nouveaux venus.

« Un soir, ils se trouvèrent réunis, chez moi, au nombre de cinq, attirés désormais par la perspective de se rencontrer les uns les autres, et par le plaisir de se livrer ensemble aux jeux que comportait ma maison, c'est-à-dire une installation de vicaire ou à peu près.

« A la première ouverture que je leur fis de se grouper autour de moi et de former ainsi le premier noyau d'une association que j'espérais voir prospérer, le plus sérieux me répondit : « Il ne faut pas vous attendre, « Monsieur, à nous voir nombreux chez vous ; « vous pouvez chercher, où et comme vous « voudrez ; si vous trouvez dix jeunes gens « dans la ville entière, ce sera beau. »

C'était une déclaration peu encourageante, assurément ; mais nous le savons déjà, M. de Préville ne cherchait pas le nombre avant tout. Il voyait au contraire, dans ce modeste

début, un gage de succès pour l'avenir. Et
ce qu'il pensait, il le disait, même à ces jeunes
gens, qui, dès la première séance, paraissaient un peu découragés, à la vue de leur
petit nombre. « Vous n'êtes pas nombreux,
tant mieux, parce que parmi vous il n'y aura
que d'honnêtes et généreux garçons. »

Malgré cette résignation, M. de Préville ne
se reposait pas. Dans ses promenades à travers la ville, dans ses relations, dans les
visites qu'il faisait aux parents des enfants,
partout, il cherchait à se mettre en rapport
avec de jeunes apprentis ou de jeunes employés
de bureau. Toujours Dieu bénissait ses efforts.
« Hier encore, dit-il dans ses notes quoti-
diennes (c'était au commencement de juin 1873),
hier encore, j'ai constaté que chaque fois que
je fais un effort sur moi-même pour courir
après quelque brebis, j'en suis récompensé
non pas précisément par une satisfaction qui
vient du résultat obtenu, puisque jusqu'ici
je n'ai guère obtenu de résultats, mais par
le sentiment si consolant du devoir accompli. »

L'humble directeur savait bien, du reste,
puiser à sa vraie source le zèle apostolique.
Ce n'était pas sur lui-même qu'il s'appuyait,

mais sur Dieu, qu'il appelait sans cesse à son secours, avant même de commencer toute démarche. Ses notes présentent, sur ce sujet, un caractère fort touchant. Nous en détachons quelques extraits, pour montrer en M. de Préville l'homme de la prière et du sacrifice.

« J'espère voir prochainement deux jeunes gens que j'ai rencontrés. Bénissez alors mes paroles, ô mon Dieu ! Bénissez leur démarche et inspirez-leur comme récompense le désir de se donner aux pauvres et aux enfants. Que votre volonté soit faite ! »

Et le lendemain, 24 juin : « J'ai reçu le jeune P. et son ami D. ; ils ont, je crois, ce qu'il faut pour former un petit noyau qui pourra devenir un arbre. Merci, ô mon Dieu, de leur avoir donné cette bonne simplicité et cette amicale franchise avec moi. Que dois-je faire pour n'être point un obstacle à vos desseins sur eux et sur moi ? — Que je me mortifie ? Mon bon Sauveur, je vais essayer d'en avoir le courage. Vous voulez que je souffre et que j'expie pour ceux qui ne veulent ni souffrir ni expier ; me voici, Seigneur, bénissez-moi seulement, et donnez-moi force et courage. »

De beaux exemples excitaient encore M. de

Préville à ne pas s'arrêter en chemin. Il avait eu l'occasion de visiter, à Calais, une œuvre ouvrière, dirigée par un prêtre de grand zèle, et alors en pleine prospérité. Un tel spectacle l'avait fortement encouragé.

Quelques jours plus tard, se trouvant à Paris, il assistait à une réunion de l'œuvre des cercles, d'où il rapportait les plus consolantes impressions. « Mon séjour à Paris écrivait-il en sortant de cette assemblée, m'a fait plaisir et m'a encouragé. On est heureux d'entendre des officiers s'exprimer avec cette foi ; et ces sentiments si chrétiens sont une garantie de la direction qu'ils s'efforceront d'imprimer. Oui, on peut espérer du salut d'un pays, quand on voit la classe dirigeante prendre ces œuvres à cœur et les mener haut, sans crainte du respect humain. Courage donc, nous aussi, faisons un petit effort, et montons quelque chose. Dieu y aidera. »

Cependant M. de Préville pouvait déjà constater avec joie la fidélité de ses quelques jeunes gens. Chaque soir, ils venaient à son domicile de la rue Tour-Notre-Dame : sa grande amabilité les y attirait et les attachait à l'œuvre, qui se développait lentement, mais sûrement. Sa maison, tout entière, leur appartenait. Dans le début des réunions, ils se groupaient, à l'étage, dans le bureau même de l'abbé de Préville; mais bientôt cette pièce ne convenant plus à cause de son exiguïté, ils envahirent le rez-de-chaussée, se composant de deux salles, qui se réunissaient à volonté et qui présentaient ainsi plus d'espace à leurs ébats entraînants. Chose assez curieuse et qu'il faut remarquer pour sa rareté, « Victorine » ne se plaignait pas! même elle aimait ce tapage; sans le savoir, elle se faisait disciple de M. Allemand qui a appelé un jour, tout ce bruit des œuvres de jeunesse « un saint tapage ».

L'œuvre de Dieu se faisait ainsi, grâce au zèle de M. de Préville, à la rue de Lille et à la rue Tour-Notre-Dame, au milieu des petits écoliers, comme au sein des apprentis.

A peine notre saint prêtre eut-il groupé son premier noyau de grands jeunes gens, qu'il médita un nouveau moyen d'affermir son travail heureusement commencé, en faisant d'eux, autant de collaborateurs auprès des enfants de son patronage.

Rien n'attache un jeune homme au bien, comme de lui donner une part d'action dans une œuvre. Plus d'une fois, sans doute,

M. de Préville avait exprimé à ses aînés ses idées sur ce point, car voici ce qu'il écrivait le 19 juillet 1873, jour de la fête de saint Vincent de Paul : « Je ne perds pas de vue que je dois faire entrer mes collaborateurs dans mes desseins. J'aurai donc à fixer un jour et une heure bien déterminés, pour causer tranquillement de notre œuvre et échanger nos idées sur nos enfants. Nous commencerons toujours et nous terminerons ces conseils par la prière, afin d'attirer sur nous les lumières et les grâces de Dieu. Protégez-moi, Seigneur. » En même temps, sa pensée se reportait vers M. Allemand, qu'il considérait comme son modèle et qu'il invoquait comme un saint : « Monsieur Allemand, obtenez-moi le courage nécessaire pour calquer mon œuvre sur la vôtre, et mériter, de cette manière, de faire des chrétiens et des hommes de cœur. Aidez aussi tous ces courages épars qui ne désirent que se consacrer au bien, mais qui ne savent comment s'y prendre. Aidez-nous tous, et veillez sur nos enfants. Monsieur Allemand, priez pour nous. »

Quatre jours après cette résolution, l'abbé de Préville réunit pour la première fois, ce

que nous appellerons désormais avec lui
« le conseil du patronage ». Il nous a laissé
dans son journal ses impressions sur cette
séance d'inauguration. « Aujourd'hui, mercredi, 23 juillet, première séance du conseil
du patronage. Très bonne. J'ai exposé à ces
messieurs diverses idées générales sur les
jeux, jeux dans la cour, jeux dans la salle,
sur la manière de surveiller les enfants, et
de causer avec ceux qui sont isolés et sans
goût pour le jeu. — Je leur ai parlé ensuite
de la grande utilité de nos réunions, pour
eux-mêmes et pour l'œuvre. — Enfin je
leur ai demandé — puisqu'ils sont sept —
de vouloir bien prendre, chacun, un jour de
la semaine pour prier en faveur du patronage ; ce qu'ils ont adopté à l'unanimité.
Après la prière on s'est séparé. »

De telles réunions, qui se répétaient chaque semaine, le mercredi, firent bientôt de
ces sept auxiliaires autant d'apôtres véritables. M. de Préville leur demanda de l'accompagner, chaque dimanche, à la rue de Lille,
au patronage des enfants. Ils commencèrent
aussitôt à mettre en pratique les conseils de
dévouement et de zèle qu'il leur avait donnés. Les uns furent chargés de la caisse

d'épargne, les autres de la bibliothèque, un autre du chant à préparer pour la chapelle, (1) tous eurent la mission d'entretenir dans l'œuvre, l'entrain, le bon esprit, la charité, et d'attacher ainsi les écoliers au patronage. Précieux concours qui produisait, en effet, le double résultat entrevu et cherché par M. de Préville, celui de se faire aider et celui, infiniment préférable à ses yeux, de lancer dans le bien ses grands jeunes gens.

---

1. Cahier des procès-verbaux du Conseil du patronage.

Notre-Dame de Boulogne-sur-Mer.

CHAPITRE SEPTIÈME

Encore une Déception pour le Local
Grands Pèlerinages a N.-D. de Boulogne
Le Rempart et la Grand'Route
Conférence de Saint-Vincent-de-Paul
Le « Compagnon de Route »
Le « Bureau »

M. de Préville avait le droit de se réjouir, devant Dieu, des succès qu'il obtenait. Tous ses enfants, grands et petits, comblaient les vœux de son zèle, par leur assiduité et leurs heureuses dispositions. Son œuvre se dessinait et semblait avoir pour elle les bénédictions de Notre-Seigneur.

Aussi pouvait-il consigner dans son journal, le soir du 7 août 1873, l'expression de sa joie : « Tout marche bien, dit-il, je suis on ne peut plus satisfait. Deux messieurs d'Orléans font des frais d'éloquence. Jeanne d'Arc revit dans une courte mais patriotique histoire, si bien qu'en sortant, les enfants demandent une statue de l'héroïne. » En voyant tous ces enfants groupés autour de lui, M. de Préville pensa que le moment était aussi venu de travailler à la conversion de leurs pères. La fête de l'Assomption était proche ; les deux prêtres orléanais, qui charmaient le patronage de leurs récits patriotiques, lui donneraient un utile concours, pourquoi ne tenterait-il pas, en faveur de ses enfants et de leurs pères, une retraite préparatoire à la solennité du 15 août ? Pour M. de Préville, entrevoir le bien à faire, c'était immédiatement agir et essayer.

Déjà donc, il travaillait dans ce sens, lorsqu'une amère déception se mit à la traverse de son projet. Ecoutons-le nous raconter lui-même ce contre-temps : « Nous n'avons plus de local, M. le curé de Notre-Dame en a besoin pour recevoir les pèlerins ecclésiastiques. Je pensais profiter du séjour de ces messieurs d'Orléans pour donner une retraite préparatoire à la fête de l'Assomption.

« J'avais invité les pères de nos enfants à y prendre part. Le moment n'est pas encore venu, sans doute. Peut-être aussi ai-je arrêté la grâce de Dieu, toute prête à inonder ces enfants, par mon peu de dévotion et mon manque de zèle...

« Je pensais aussi en profiter pour confesser ceux de mes enfants qui auraient voulu s'adresser à moi ; mais encore en ceci j'ai été déçu : *fiat voluntas tua !* »

Que faut-il admirer le plus, en cette circonstance, du zèle ardent ou de la profonde humilité de M. de Préville ?

Pour bien comprendre ce qui précède, on doit savoir que l'ancien Petit Séminaire, dans lequel l'abbé de Préville avait réfugié son œuvre, dépendait de l'église Notre-Dame de Boulogne, à laquelle il était adossé. Mgr Haffreingue, le restaurateur du culte de la célèbre Madone, avait donné une telle impulsion aux pèlerinages de Notre-Dame, que chaque année, au mois d'août, les fidèles venaient par milliers, non seulement de la France, mais même de l'étranger, prier dans l'auguste sanctuaire.)

Nous rappellerons seulement certains grands pèlerinages parisiens et anglais, que la ville de Boulogne n'a pas oubliés.

Or, Mgr Haffreingue, toujours désireux de faciliter ce qui était de nature à honorer la Sainte Vierge, offrit gracieusement l'hospitalité aux prêtres étrangers qui amenaient des pèlerins à Notre-Dame. Pendant plusieurs semaines, le grand collège et la division du Séminaire ne désemplissaient pas. Ces généreuses traditions furent continuées après la mort du vénéré prélat, par le clergé chargé du culte de Notre-Dame de Boulogne.

C'est ce qui explique comment l'abbé de Préville, au mois d'août 1873, se vit obligé de quitter la rue de Lille. Il annonça à ses enfants que la prochaine réunion aurait lieu sur le rempart de la Haute-Ville. « C'est là, leur dit-il, que faute de mieux, nous essaierons de prendre nos ébats. » C'est là, en effet, que durant plusieurs semaines, les enfants du patronage se rencontrèrent, sous la conduite de M. de Préville et de quelques jeunes gens du conseil. Au commencement de la première récréation, il y eut bien quelque hésitation, nous disent les procès-verbaux de l'œuvre, mais bientôt on retrouva, dans une entraînante partie de barres, l'animation de la rue de Lille.

Quand, les pèlerinages terminés, M. de Préville put rentrer dans le local ordinaire de l'œuvre, il retrouva tous ses enfants, peut-être légèrement désemparés par suite des modifications des semaines précédentes, mais en réalité, toujours bien disposés comme par le passé. Pendant que le patronage des enfants était soumis à cette légère épreuve, les réunions des grands se continuaient toujours, rue Tour-Notre-Dame. Les premiers venus restaient fidèles, l'œuvre faisait quelques conquêtes, de sorte que le petit noyau se développait chaque jour. M. de Préville trouva bientôt un nouveau moyen de faire avancer dans le bien ses jeunes gens, en faisant d'eux, au dehors de l'œuvre, des apôtres des pauvres, comme il en avait fait à l'intérieur, des apôtres auprès des écoliers. Il fonda parmi eux une conférence de Saint Vincent de Paul. On donna à cette conférence le nom de conférence Saint-Michel. L'œuvre de M. de Préville n'avait pas encore été baptisée du nom si touchant sous lequel on l'a connue depuis.

« J'avais apprécié à Paris, dit-il, combien ces réunions de charité avaient fait de bien à mes amis et à moi-même ; aussi, je n'aurais pas voulu priver mes enfants d'un secours si précieux. Un jour donc, que j'avais quelques grands près de moi, je leur communiquai ma pensée sur ce point, et je les convoquai à la messe que je dirais le lendemain à Notre-Dame, pour le succès de notre projet. Six hommes de bonne volonté répondirent à mon appel. Le lendemain je disais la messe à Notre-Dame, à cette intention, et le soir, nous commencions nos réunions qui se sont toujours continuées depuis. »

En 1881, c'est-à-dire huit ans après sa fondation, cette modeste conférence du patronage visitait trente familles pauvres dans le quartier des marins. Aujourd'hui, elle en visite plus de quarante..... C'est assez dire qu'elle réalise admirablement les charitables desseins de son fondateur; quant à calculer le bien, plus précieux encore, peut-être, qu'elle a produit chez les jeunes gens de l'œuvre, personne ne saurait le faire. Voici ce que M. de Préville écrivait après la première séance de la conférence. Il était impossible qu'une telle humilité ne fût pas récompensée !

« Nous venons d'organiser et de tenir la première séance de la conférence Saint-Michel. La messe nous avait réunis le matin dans une communion presque générale. Bénissez ces faibles commencements, ô mon bon Jésus ! Que ce ne soit pas moi que je cherche, mais bien le développement de votre règne et la sanctification de votre nom. Dirigez-moi ; inspirez-moi la direction que je puis et que je dois donner à ces enfants. Et maintenant, ô mon Dieu, faites votre œuvre ; c'est à vous de donner l'accroissement ; moi, j'ai planté, j'ai arrosé, je vais continuer à arroser cette jeune plante ; vous, donnez-lui le développement qu'elle comporte : *Ecce ego, Domine, quid me vis facere ?* »

Deux mois après, vers la fin de novembre, l'humble conférence était affiliée à l'œuvre centrale. M. de Préville, en consignant cet événement dans son journal, pouvait remercier Dieu des progrès si consolants de son entreprise : « Nous sommes maintenant douze membres, dans notre conférence. Quel bonheur de se sentir unis, et par conséquent, forts pour lutter contre le mal ! Comme il est édifiant de se rendre compte des efforts de ces enfants et de voir à quels assauts ils doivent résister pour demeurer honnêtes et pratiquants !

« Bénissez leur courage, ô mon Sauveur ; animez leur zèle, et dirigez leurs efforts vers Vous et vers les âmes de leurs frères qui se perdent. »

En signalant les assauts que ses enfants devaient livrer contre le mal, pour se conserver purs et vertueux, M. de Préville parlait en toute connaissance de cause. Son zèle ardent, sa grande charité lui avaient peu à peu gagné la confiance de tous ses jeunes gens. Bientôt leur cœur n'eut plus de secrets pour lui. Il connaissait les moindres détails de leur vie ; c'était un véritable père au milieu de ses enfants. Un jour, dans une causerie intime, il releva le courage de l'un d'eux, qui, tracassé par une administration étroite, voulait se retirer dans sa famille pour y vivre tranquillement. « Si vous n'êtes pas où le bon Dieu vous veut, lui dit-il, vous aurez double croix à porter. »

Une autre fois, à l'un de ses jeunes gens, orphelin de quelques jours, il donna son chapelet auquel il tenait beaucoup. « C'était, dit-il, mon vieux compagnon de route, qui ne m'avait jamais quitté, ni à l'école de droit, ni au séminaire, ni depuis... »

Quand il se fut ainsi rendu maître des cœurs, M. de Préville commença à entendre les confessions. Ses jeunes gens le trouvaient toujours disposé à les écouter ; mais le samedi soir, surtout, il se tenait dans sa chambre pour le ministère de la direction des consciences.

Pour employer une expression qui, depuis, a fait fortune dans l'œuvre, c'était l'heure du « bureau ». On voyait alors les membres de la réunion quitter, l'un après l'autre, les jeux d'en bas et monter dans la chambre du cher directeur, en vue de s'y préparer à la communion du lendemain.

Telle est la tradition qui, depuis vingt-deux ans, se continue à l'œuvre de M. de Préville. Le samedi soir ou le dimanche matin de chaque semaine, on peut voir dans le cabinet du directeur quelque jeune homme désireux de se réconcilier avec Dieu, et de reprendre vigueur pour les luttes de la vertu. Cette direction sérieuse et paternelle sera jusqu'à la fin, la force principale du patronage.

CHAPITRE HUITIÈME

SI l'on a voulu lire attentivement ce qui précède, on peut se rendre compte de ce que M. de Préville a dû dépenser d'activité, de zèle, de ressources de tout genre, pour mener à un tel point de prospérité, en si peu de temps, l'œuvre que nous essayons de raconter. Il était de ceux qui devinent le bien à faire, et qui travaillent à le réaliser, quand ils l'ont deviné.

Nous avons séparé, dans notre récit, l'œuvre des grands et le patronage des enfants ; mais, en réalité, M. de Préville s'occupait, en même temps, de ces deux œuvres, sans se laisser arrêter par aucun obstacle.

Du reste, ces deux réunions avaient plusieurs points de rencontre, le dimanche surtout. Les offices groupaient dans la même chapelle, petits et grands ; les récréations se prenaient dans l'unique cour de l'œuvre et donnaient ainsi, aux plus âgés, l'occasion d'exercer leur zèle fraternel vis-à-vis des plus jeunes.

Quand M. de Préville se sentit bien maître de ces éléments divers, il pensa que le moment était venu de donner à la journée du dimanche un règlement définitif. L'essentiel était de bien remplir toutes les heures que l'on passait dans l'œuvre. Il en fit trois parts, une pour la piété, une pour le jeu, une pour l'avantage professionnel de ses enfants. Voici, du reste, ce règlement que nous retrouvons dans le journal du zélé directeur :

A 8 heures, messe, instruction et communion.

A 9 heures, déjeuner.

A 9 h. 1/2, jeux divers.

De 11 heures à midi, cours d'anglais et classe de dessin.

C'est ce que nous avons appelé la partie professionnelle.

Dans une ville commerçante telle que Boulogne, c'était rendre aux jeunes gens un service signalé que de leur procurer de telles ressources. Ceux-ci le comprenaient bien et se faisaient un devoir d'assister à ces cours facultatifs, qui avaient encore lieu plusieurs fois dans la semaine, au moins pour la langue anglaise.

A midi, dîner, dans la famille.

A 1 heure, ouverture de l'œuvre et récréation jusqu'à 3 heures.

A 3 heures, musique et préparation de chant pour la chapelle.

A 4 heures, vêpres et salut.

A 5 heures, caisse d'épargne et bibliothèque.

A 5 h. 1/2, histoire racontée aux enfants.

A 6 heures, récréation.

A 6 h. 1/2, instruction, chapelet et prière.

Pour faire face à des devoirs aussi variés, M. de Préville avait trouvé parmi ses amis, parmi les grands de l'œuvre, et dans sa famille elle-même, des auxiliaires dévoués. Déjà dans un précédent chapitre, nous avons dit le parti qu'il savait tirer de ses jeunes gens ; d'autres concours lui furent également offerts qu'il accepta avec reconnaissance. Comment aurait-il pu remplir, à lui seul, un tel programme ? Au soir d'une de ces journées accablantes, il remerciait Dieu des nombreux secours qu'on lui apportait. « Merci, ô mon Dieu, qui me gâtez de cette sorte. Vous semez les roses sous mes pas, au milieu des épines inséparables de toutes ces organisations. Donnez-moi seulement ce que je n'ai pas, ô mon bon Sauveur : l'amour de votre adorable Sacrement. O Jésus-Hostie, ayez pitié de ma misère ! »

Ce règlement n'a guère varié depuis plus de vingt ans. Des besoins nouveaux ont bien nécessité quelques modifications sans importance ; mais le fond est resté le même jusqu'à ce jour.

De temps en temps, l'après-midi du dimanche, M. de Préville conduisait ses jeunes gens à la campagne, dans une église de village, où l'on chantait l'office des vêpres, à la grande édification des assistants et à la grande joie du pasteur. (1)

Nous avons vu que tous les membres de l'œuvre quittaient le patronage à six heures et demie, pour le repas du soir ; mais nous devons faire aussitôt remarquer que les plus grands revenaient passer le reste de la jour-

---

1. Ces excursions dans les environs de Boulogne qui sont si pittoresques, avaient beaucoup d'attraits pour les membres de l'œuvre ; les successeurs de M. de Préville les ont maintenues et généralisées, en en faisant un point du règlement du dimanche, chaque fois que le temps ou la saison sont favorables. Seulement, ces promenades se font maintenant vers 11 heures, c'est-à-dire avant le dîner, et dans la belle saison, elles sont remplacées par une autre attraction, spécialement agréable aux Boulonnais, à savoir les bains de mer, pris avec tous les camarades de l'œuvre.

née dans la maison même de M. de Préville. C'était à l'âge de quinze ans que les enfants étaient admis à partager la soirée des « grands ». L'intelligent directeur avait mûrement réfléchi avant de s'arrêter à cet âge ; dans d'autres villes, et dans plusieurs œuvres de Paris, il faut avoir seize ans pour jouir de ce privilège si convoité : M. de Préville trouvait des inconvénients à retarder trop longtemps l'admission dans la section des plus âgés. « J'avais remarqué qu'à Saint-Charles, beaucoup d'enfants se décourageaient avant de pouvoir prétendre entrer dans la section des jeunes ouvriers ; et, depuis, j'ai constaté qu'il est pénible à des enfants qu'une circonstance fait entrer de bonne heure dans un atelier ou dans un bureau, de se voir, au patronage, encore traités comme des écoliers, quand déjà dans les rues, et surtout chez eux, ils tranchent du commis ou de l'ouvrier. Je me suis toujours, depuis, applaudi de cette mesure. »

En se livrant à toutes ces organisations extérieures, M. de Préville ne perdait pas de vue la vraie vie d'une œuvre, nous voulons dire la vie surnaturelle. « De plus en plus, écrivait-il le 3 novembre 1873, je ne

crois le patronage possible et facile que par
un complet épanouissement de la vie chrétienne. » Aussi attachait-il la plus grande
importance à sa petite congrégation du Saint-
Sacrement, laquelle se développait chaque
jour et répandait son heureuse influence sur
l'œuvre tout entière.

Pour lui donner encore plus de vitalité,
M. de Préville imagina d'affilier cette Garde
d'honneur à la Congrégation des Pères du
Très-Saint-Sacrement. Ses enfants accueillirent
la nouvelle avec bonheur : « J'annonce aujour-
d'hui aux enfants, dit-il, que j'ai écrit aux
Révérends Pères du Très-Saint-Sacrement,
pour leur demander de vouloir bien nous
permettre de profiter de leurs mérites et
de leurs bonnes œuvres, et leur joie a été
facile à saisir. J'ai rappelé l'obligation de
charité que je leur impose à l'égard des
nouveaux. J'ai terminé par la lecture de quelques traits d'apostolat exercé par les enfants
des patronages de Paris, et j'ai stimulé leur
zèle pour obtenir d'eux un effet dans ce sens.
C'est de ce côté que se déploieront tous mes
efforts : les faire sortir un peu de leur égoïsme
pour leur apprendre à faire la charité et à
penser aux autres. »

Puis, constatant avec bonheur les excellentes dispositions de ces petits apôtres du Tabernacle et de la charité, M. de Préville en remerciait Dieu : « Pour rien au monde, je ne voudrais, ô mon Dieu, sacrifier cette petite réunion de la Garde d'honneur ; ils sont si bien disposés, ces chers petits enfants ! Il me semble que s'ils ne deviennent pas bons, ce sera par ma faute ; s'ils ne vous aiment pas, c'est que moi-même, je n'aurai pas su vous peindre en termes assez brûlants, c'est que je n'aurai pas su puiser au saint Tabernacle, ce feu qui doit les embraser. O mon Jésus ! je vous offre mon impuissance. Je vous demande pardon de m'être chargé d'une œuvre où il faudrait tant d'amour pour vous, et j'en ai si peu ! »

M. de Préville fut encore vivement encouragé par la visite de Mgr l'évêque d'Arras, dont la paternelle bonté ne lui fit jamais défaut. Tous les membres de l'œuvre en ressentirent une grande joie, ainsi qu'il nous le dit dans ses notes : « Monseigneur est venu bénir mes enfants. Il leur a recommandé de faire autour d'eux la propagande et d'amener ici beaucoup de petits camarades. En même temps, Monseigneur a paru très satisfait d'apprendre les résultats obtenus par l'association du Très-Saint-Sacrement. Sa visite a charmé tous nos enfants. »

Ce fut au milieu de ces joies et de ces bénédictions qu'on célébra, à la rue de Lille, la première fête de Noël, avec sa belle messe de minuit et ses nombreuses communions, et que se termina l'année 1873 (1).

Avant de commencer une nouvelle étape, le pieux directeur jeta un regard sur le passé. Il put remarquer avec joie les bons résultats de ses efforts et la prospérité toujours croissante de sa chère œuvre. Le patronage comptait de 50 à 60 enfants ; la réunion des grands de 15 à 20 membres ; la confrérie du Saint-Sacrement 15 associés (2). Pendant six mois, les bibliothécaires avaient distribué 638 volumes ; la caisse d'épargne avait reçu de 84 déposants la somme de 275 fr. ; c'était un magnifique succès dont il fallait remercier le bon Dieu. M. de Préville ne manqua point à ce devoir de la reconnaissance ; il offrit, à cette intention, le saint sacrifice de la messe, et les membres du conseil firent la communion pour ce même objet.

1. Procès-verbaux du conseil.
2. Voir *Bulletin de l'Union*, de janvier 1874.

Cependant, cette œuvre, désormais sortie de l’enfance, n’avait pas encore son nom spécial et définitif. Il fallait la baptiser; l’humilité de M. de Préville ne pouvait supporter plus long-temps de l’entendre appeler de son propre nom; car c’était bien ainsi que le public dé-signait cette œuvre; pour tous, c’était « le Patronage de M. de Préville. » Or, voici comment fut trouvé, par le pieux fondateur, le nom sous lequel l’œuvre est désignée de-puis.

L’abbé de Préville avait une dévotion toute filiale pour Notre-Dame de Boulogne. Il n’en-treprenait rien sans l’avoir longtemps priée; plusieurs fois le jour il se rendait à son célèbre sanctuaire, il y conduisait les amis étrangers qui venaient le voir; en un mot, il avait en Marie une véritable confiance d’enfant.

Parmi tous les titres que la piété a décernés à la miraculeuse Madone, il en est un que M. de Préville affectionnait particulièrement, celui-là même que Mgr Haffreingue a fait graver, en lettres d’or, au chevet du sanc-tuaire : *Patrona nostra singularis.* Ce fut cette invocation qui le guida dans le choix d’un nom destiné à son œuvre de jeunesse.

« Mes enfants, dit M. de Préville à la Sainte-

Vierge, sont des apprentis, et, puisque vous êtes leur patronne très spéciale, je vous appellerai, si vous le voulez bien, *Notre-Dame-des-Apprentis*. Je cherchai, dit le saint fondateur dans ses notes, une traduction qui put signifier quelque chose à l'esprit de mes enfants, et je n'en trouvai pas de meilleure que celle dont nous avons fait notre nom. Et, pour bien leur faire comprendre que je ne voulais rien changer à une dévotion qui leur était si chère, je fis l'achat d'une bannière, sur laquelle on représenta exactement Notre-Dame de Boulogne avec son bateau conduit par deux Anges, en ayant pris soin d'y faire graver la nouvelle traduction que j'avais donnée à son titre : « Notre-Dame-des-Apprentis. » Désormais, l'œuvre de M. de Préville appartiendra à la Vierge Marie et à son Divin Fils.

On touchait au mois de mai : le saint directeur s'empressa de grouper, autour de l'image de Marie, ses enfants bien aimés. « Le mois de Marie, écrit-il dans son journal, réunit chaque soir les enfants dans la chapelle du patronage. Le *Petit mois de Marie des enfants* par Mgr de Ségur les intéresse vivement ; il me sert aussi de thème à développements pour un certain nombre de points qui n'y sont guère traités, mais qui trouvent très facilement leur place dans une glose. »

Après le mois de Marie, ce fut celui du Sacré-Cœur, avec des exercices et des réunions du même genre. M. de Préville tenait essentiellement à ces pratiques pieuses, qui lui donnaient l'occasion de se mettre en rapport avec ces âmes d'enfants, dont il voulait la sanctification et auxquelles il avait voué sa vie.

Cependant l'heure était venue de montrer en public cette œuvre dont on parlait déjà beaucoup, sans bien la connaître. Quand l'époque des pèlerinages à Notre-Dame de Boulogne fut arrivée, M. de Préville conduisit ses enfants au vénéré sanctuaire. C'était au matin du jour même de l'Assomption; avec quel bonheur notre saint prêtre consacra à Marie ces fils de son dévouement ! « Ce matin, écrit-il dans ses notes, pèlerinage de toute l'œuvre, grands et petits, à Notre-Dame. Ils étaient presque au complet, et j'ai eu le bonheur de leur donner à tous, le Pain des anges. Ils étaient tout heureux et tout fiers de se sentir si nombreux ! *Si Deus pro nobis, quis contra nos !*

« Développez, ô bon Jésus, ce tendre germe;

soignez-le vous-même, éloignez-en, je vous en conjure, le souffle qui voudrait le ternir. Ces pauvres enfants ! Je vous les ai offerts en ce jour ; je vous les confie de nouveau par les mains de Marie, notre bonne Mère. »

Huit jours plus tard, à la cérémonie grandiose de la procession annuelle en l'honneur de Notre-Dame, on put encore admirer M. de Préville, à la tête de tous ses enfants. C'est en cette circonstance solennelle que la bannière de l'œuvre reçut le baptême ; autour d'elle s'étaient groupés, sans crainte des railleries, de nombreux apprentis. Pendant la procession, qui dure toujours près de trois heures, ils chantèrent des cantiques et récitèrent le chapelet, accompagnant sans faiblir le drapeau dont on leur avait confié la garde ; véritable victoire remportée sur le respect humain ! M. de Préville l'a enregistrée dans son journal, en remerciant la Vierge Marie d'un tel succès et en la priant de continuer à bénir ses généreux enfants. « Bénissez leur courage, bonne Mère ; bénissez-les, je vous en prie, et bénissez-moi aussi, moi que vous avez mis à leur tête. »

L'effet produit sur la foule fut profond. En voyant ce prêtre de grande famille, connu de la ville entière, accompagner ces jeunes hommes, ouvriers et employés de bureau, prier et chanter avec eux, on se sentait pris d'admiration pour un tel dévouement et pour une œuvre qui inspirait une telle énergie chrétienne aux membres qui la composaient.

CHAPITRE NEUVIÈME

1875-1876-1877
L'ŒUVRE QUITTE LA RUE DE LILLE
BOULEVARD EURVIN — LE « MAITRE DE LA
MAISON » — BÉNÉDICTION
DE LA CHAPELLE — RETRAITE DU CARNAVAL

L'ÉPOQUE à laquelle nous arrivons va nous faire assister au développement complet et à l'organisation définitive du patronage de Notre-Dame des Apprentis.

Au mois d'août de l'année précédente, c'est-à-dire au moment des pèlerinages à Notre-Dame de Boulogne, M. de Préville s'était vu de nouveau dans la nécessité de quitter le local qu'on lui avait prêté pour son œuvre : ces changements, qui lui causaient beaucoup d'ennui, pouvaient de plus nuire à la marche de son patronage.

Pour donner à son œuvre un avenir assuré, M. de Préville s'occupa de lui trouver un abri définitif. Son père, qui s'opposait à le voir fixer sa résidence en dehors de la Haute-Ville, lui acheta un vaste terrain situé sur le boulevard Eurvin, entre la rue du Cimetière et la porte Gayole. Aussitôt en possession de cette propriété, l'infatigable directeur se

mit à la disposer pour l'usage auquel il la destinait. On était au mois de mai 1875.

Cette propriété consistait en un immense jardin que M. de Préville fit immédiatement
raser, et en une petite maison, basse et humide,
dont il se contenta pour ses appartements
particuliers.

Il fallait donc construire, afin de compléter
cet ensemble, insuffisant pour une œuvre de
jeunesse.

Fidèle à son principe, M. de Préville commença par faire élever une chapelle, dans
le fond du jardin ; une simple chapelle en plan-
ches, d'un primitif absolu, mais où le bon
Dieu voulut bien résider, comme le véritable
Maître d'une maison que le saint directeur
de l'œuvre lui consacrait sans réserve, dès
le début. Les réunions du soir se faisaient
dans le domicile même de M. de Préville.

Pendant plusieurs mois, l'œuvre fonctionna
dans ces modestes conditions. Dieu, qui
bénit toujours la confiance et l'humilité,
répandit ses grâces les plus abondantes sur
le patronage, ainsi que le constatait M. de
Préville lui-même. « Le bien, dit-il, se continue et s'affermit, au sein de l'œuvre. Dieu
qui est si près de nous — plus près encore

qu'à la rue de Lille — semble nous regarder avec plus de complaisance encore. »

M. de Préville avait hâte de voir la bâtisse complètement achevée. Il s'adressa à des ouvriers diligents, qui se mirent si sérieusement à l'ouvrage que pour la fête de la Toussaint la grande salle des jeux était terminée.

Ce fut dans cette salle que M. de Préville installa la deuxième chapelle provisoire. Certes, on était encore bien loin du gracieux sanctuaire que nous admirons aujourd'hui à Notre-Dame des Apprentis, mais telle qu'elle était, cette nouvelle chapelle avait, du moins, le mérite d'offrir un véritable abri à Notre-Seigneur. « Et je m'en réjouis beaucoup, dit M. de Préville dans ses notes, car peu de jours après la fête de la Toussaint, une tempête horrible se déchaîna qui aurait pu amener de terribles accidents. »

Le moment est venu de signaler à nos lecteurs, comme un sujet de grande édification, une coutume aussi admirable qu'audacieuse, introduite dans l'œuvre par M. de Préville, dès le jour où il ouvrit au culte cette deuxième chapelle. Laissons-le nous raconter lui-même ce qu'il dira mieux que nous : « En entrant dans ce nouveau local, je conseillai à mes enfants de ne jamais venir au patronage, sans aller directement et premièrement, présenter leurs hommages à Notre-Seigneur ; les avertissant que moi-même je ne leur dirais « bonjour » qu'après qu'ils auraient salué le véritable Maître de la maison, Notre-Seigneur Jésus-Christ. » (1)

Cette habitude fut vite prise. Si quelque enfant y dérogeait, (c'était toujours par pure inadvertance), M. de Préville ne disait mot, mais il refusait son habituelle et cordiale poignée de main ; aussitôt, on s'empressait de réparer sa faute, et l'on sortait de la chapelle avec le très ferme propos de ne plus recommencer.

Quelques années plus tard, cette visite d'entrée se compléta par une prière faite à la statue de Notre-Dame de Lourdes, érigée près d'une muraille de la cour et sur laquelle les yeux se portent naturellement, au sortir de la chapelle. (2)

---

1. Cet usage d'entrer à la chapelle, en arrivant à l'œuvre, a toujours existé chez M. Allemand, à Marseille. (Cf. *Vie de M. Allemand*, par M. Gaduel, page 195.)

2. Cette statue de N.-D. de Lourdes a une histoire. En 1879, trois jeunes gens de l'œuvre voulurent se rendre à Lourdes pour demander à Marie une grâce corporelle. Pendant ce voyage, M. de Préville fit faire des prières au patronage, afin d'obtenir pour

Intérieur de la Chapelle du Patronage de Notre-Dame des Apprentis
à Boulogne-sur-Mer.

Intérieur de la Chapelle du Patronage de Notre-Dame des Apprentis
à Boulogne-sur-Mer.

M. de Préville n'acceptait le salut de ses enfants qu'après ce double hommage rendu à Notre-Seigneur et à sa très sainte Mère. Peu à peu , les étrangers eux-mêmes, mis au courant de cette habitude, prenaient le chemin de la chapelle, en entrant chez M. de Préville, subissant ainsi, presque inconsciemment, l'heureux ascendant de cet homme de Dieu, au zèle duquel il fut toujours moralement impossible de résister.

Ainsi se termina l'année 1875.

Les travaux furent pressés si activement que moins de deux mois plus tard, c'est-à-dire à la fin de février de l'année suivante, on put bénir la nouvelle construction et prendre possession de la chapelle définitive. (20 février 1876.)

On s'imagine facilement, avec quel bonheur M. de Préville se sentit, désormais, à l'abri de tout changement de domicile, et de toute préoccupation pour l'avenir.

---

les pèlerins la faveur demandée ; il alla plus loin, il promit d'ériger, dans la cour, une belle statue de N.-D. de Lourdes, en témoignage de reconnaissance, si ses trois jeunes gens étaient guéris. La guérison ne fut pas obtenue ; mais la Sainte Vierge qu'on n'invoque jamais en vain, répandit sans doute d'autres bénédictions sur le patronage. M. l'abbé de Préville ne se crut pas dégagé de sa promesse et donna cette magnifique statue dont nous parlons.

Le patronage allait enfin avoir sa maison, ses salles, sa cour, à lui ; en deux années, il avait dû changer trois ou quatre fois de local, quelquefois, il lui avait fallu se contenter des grands chemins ; maintenant, il entrait en propriétaire dans une installation magnifique, qui laissait entrevoir les plus belles promesses de prospérité.

Mais ce qui réjouissait surtout M. de Préville, c'était de penser qu'il allait donner à Notre-Seigneur une demeure moins indigne de Lui. « Aujourd'hui, dit-il, aujourd'hui dimanche de la Sexagésime, bénédiction de la chapelle qui plaît à tous... Quel bonheur pour mes bons enfants, d'avoir désormais leur chapelle à eux ! que de souvenirs ce sera pour un grand nombre, quand, dans quelques années, ils se souviendront de la chapelle de bois, puis de la grande salle transformée en chapelle, puis enfin de la véritable chapelle !

« Prenez-en possession, Seigneur Jésus, je vous la donne. Prenez aussi possession définitive du cœur de mes chers enfants, afin qu'ils soient à vous, et vous demeurent fidèlement attachés. Pour moi, prenez aussi mon cœur et gardez-le bien. Que je ne sois pas un obstacle aux grâces que vous voulez répandre dans ces jeunes cœurs : je me donne de nouveau à vous, bon Sauveur !

« Notre-Dame des Apprentis, priez pour nous !

« Saint Joseph, priez aussi pour nous ! » (1)

Est-ce que Notre-Seigneur aurait pu se montrer sourd à cette prière pleine de foi et d'amour ?

Le patronage reprit sa vie de la rue de Lille ; vie de piété, vie de simplicité, vie

---

1. Voici le règlement du sacristain, chargé du soin de la nouvelle chapelle :

Celui qui est revêtu de cette fonction importante se souviendra des embarras que prennent les personnes du monde pour obtenir une place de chambellan auprès du souverain. La fonction de sacristain, si humble qu'elle paraisse, est cependant bien plus glorieuse, puisque c'est au bon Dieu lui-même qu'il s'agit de donner des soins. Qu'il se réjouisse donc, celui qui a été choisi pour remplir ce poste de confiance ; qu'il médite souvent sur les qualités exigées pour un tel emploi !

Le sacristain est, par sa position, celui des enfants du patronage, qui se rapproche davantage du prêtre : celui-ci consacre Notre-Seigneur, le touche et le distribue aux fidèles ; le sacristain, par un privilège tout spécial, touche les vases sacrés et le linge sur lequel a reposé Notre-Seigneur ; quel honneur !

Vertus particulières du sacristain :

La charité : C'est celui qui est le plus en rapport avec Notre-Seigneur qui doit aussi reproduire le mieux les vertus qui sont justement celles auxquelles il veut lui-même que nous le reconnaissions ; Or, *Deus charitas est.*

Le Recueillement : Comment les camarades concevront-ils pour Notre-Seigneur ce respect et cet amour qu'ils doivent lui témoigner, d'entrain. Le R. P. Berthe, Rédemptoriste, qui avait donné le discours d'inauguration de la chapelle, avait prononcé dans sa belle allocution, une parole très remarquée : « Bientôt, avait-il dit, ce sanctuaire sera trop étroit » laissant ainsi deviner les bénédictions que Dieu devait répandre sur l'œuvre.

Cette prophétie ne tarda pas à se réaliser. A partir de ce moment, en effet, le patronage se développa merveilleusement. M. de Préville le constatait avec bonheur. « C'est en cette même année 1876, dit-il à la fin de ses notes, que je commençai à récolter des fruits vraiment sérieux. Un de mes enfants m'avait déjà quitté l'année précédente pour entrer aux Frères de Saint Vincent de Paul ; cette année-là, quatre enfants demandèrent à faire avec moi des études latines ; je m'y prêtai bien volontiers, et depuis ce temps, huit ou

---

si celui qui est toujours en sa compagnie n'a pas conscience de l'auguste présence du divin Maître ?

L'Exactitude : Jamais, un bon sacristain ne s'absentera sans permission et sans s'être fait remplacer par le second sacristain ; il veillera à ce qu'aucun office ne soit retardé par sa faute.

L'Ordre et la Propreté : C'est de ces deux qualités que Saint François de Sales appelle des demi-vertus, que dépend en grande partie, la conservation des objets de la sacristie.

Pratique : Relire souvent ces quelques pensées et s'efforcer de pratiquer les vertus qui y sont recommandées.

dix autres vinrent successivement me demander le même service.

Il serait difficile de trouver une meilleure
preuve de la vitalité et du bon esprit de l'œuvre de M. de Préville, à cette époque.

Pendant que Dieu récompensait ainsi ses
efforts, notre zélé directeur jetait les bases
d'une œuvre audacieuse — véritable merveille
dans le monde des œuvres, — à savoir la
retraite du Carnaval.

Arracher les jeunes gens aux nombreux
dangers de ces jours de péché ; les retenir
au patronage, non point comme on le fait
dans certaines œuvres, par des distractions
ou des fêtes extraordinaires, mais par les sévères exercices d'une retraite où rien n'est laissé
à la nature, ainsi que nous le verrons plus
tard, seul, un saint comme M. de Préville
pouvait avoir une telle idée. Lorsqu'au mois
de janvier 1877, il s'ouvrit de son projet à
Monseigneur l'Évêque en lui demandant la
permission d'exposer le Très-Saint-Sacrement
pendant les trois jours du Carnaval, le vénérable prélat ne put s'empêcher de laisser voir
une certaine défiance à l'égard de cet extraordinaire dessein.

Ne retrouve-t-on pas l'expression de cette

appréhension dans une lettre datée du 11 janvier, écrite à M. de Préville par Sa Grandeur :

« 'Mon cher abbé, la pensée que vous me manifestez par rapport à l'emploi des jours du Carnaval pour vos plus grands enfants, me paraît excellente.

« Si, comme *vous en avez l'espoir,* vous *réussissez,* il y aura bien à *remercier* Dieu..... »

En vérité, M. de Préville ne s'appuyait que sur Dieu. Il demanda des prières aux communautés religieuses, aux noviciats, aux séminaires dont il connaissait quelque membre ; il fit prier ses propres enfants ; il les prépara, pendant plusieurs semaines, par ses instructions du dimanche ; puis, fort de sa confiance en Dieu, il se mit à l'œuvre.

La première retraite du Carnaval eut lieu les 10, 11 et 12 février. Elle eut un plein succès. Le prêtre qui en prêcha les exercices fut M. l'abbé Sagot, vicaire de Notre-Dame, le même qui avait aidé M. de Préville dans les difficiles débuts du patronage. Recueillons les impressions du vaillant directeur sur ces trois jours de véritable bénédiction pour l'œuvre : « Réussite complète de la retraite ; soixante enfants y prennent part. M. Sagot

leur plaît extrêmement et leur fait beaucoup
de bien.

« Depuis trois jours ils sont tout trans-
formés ; j'attribue ce succès presque uniquement aux bonnes prières qui se sont faites
dans nombre de communautés religieuses. Je
pense qu'il résultera de cette retraite tout un
mouvement pieux qui affermira davantage mes
enfants dans le bien. Merci, mon Dieu ;
merci mille fois, pour eux que vous comblez
de faveurs, et pour moi à qui vous accordez
cette si douce consolation de voir tout mon
petit monde vous aimer. »

Avec la première retraite du Carnaval et
l'année 1877, s'arrête, croyons-nous, la partie
historique de Notre-Dame des Apprentis.

Désormais, ce patronage a sa vie propre
et son entière organisation.

Sans doute, les années suivantes apportèrent
bien quelques heureuses innovations, telles que
les fêtes corporatives, les grandes promenades
du lundi de Pâques, du lundi de Pentecôte et
du 14 juillet, et la « messe des mariés »; mais
en réalité, à l'époque où nous sommes arrivés, l'œuvre de M. de Préville est complète.
Dieu l'a si visiblement bénie que moins de
cinq années ont suffi pour opérer ce résultat.

CHAPITRE DIXIÈME

La Vie de l'Œuvre — Coutumier — Le Jeudi
La Soirée des Grands
Importance du Jeu — Les Promenades
La Vie de Famille
Les Fêtes religieuses

NOUS croyons le moment venu de montrer dans un tableau d'ensemble la vie extérieure de l'œuvre de M. de Préville. Nous parlerons du coutumier de chaque jour, du coutumier du jeudi, de la soirée des grands ; puis des divertissements, et enfin des fêtes religieuses du patronage ; nous ne reviendrons plus sur la journée du dimanche dont nous avons parlé précédemment.

Chaque jour de la semaine, M. de Préville ouvrait son œuvre un peu avant sept heures, pour l'assistance à la sainte messe. Grâce à ses pressantes exhortations, quelques membres du patronage, enfants ou apprentis, prirent bientôt l'habitude de la messe quotidienne. Les associés de la Garde d'honneur se faisaient surtout remarquer par leur généreuse exactitude. Les procès-verbaux de l'association font foi que M. de Préville insistait souvent sur la nécessité du lever matinal, condition principale à sauvegarder pour l'assistance au saint sacrifice. Après la messe, la cour restait ouverte jusqu'à l'heure de l'école ou du travail ; c'était le moment des causeries entre directeur et patronnés ; en vrai prêtre, M. de Préville profitait soigneusement de ce tête-à-tête avec ses meilleurs enfants, et nous savons que ces rapports familiers et pieux produisirent le plus grand bien dans son œuvre.

Vers cinq heures, à la sortie des classes, les écoliers revenaient au patronage. M. de Préville les recevait, les faisait jouer, et appelait en particulier, dans son bureau ouvert sur la cour, ceux qu'il avait besoin de voir.

A huit heures, il donnait le signal du chapelet et tout son petit monde entrait à la chapelle. Nous avons déjà dit que la récitation de cette prière était coupée par un cantique ; assez souvent même, M. de Préville ajoutait quelques avis.

Les jours de fête, il avançait le chapelet d'un quart d'heure en vue de la bénédiction du Très-Saint-Sacrement qui suivait. En agissant ainsi, le sage directeur procurait une grande tranquillité aux parents dont les enfants rentraient toujours à la même heure. Le vendredi, le chapelet était remplacé par le chemin de la croix.

Mais la journée principale du patronage des enfants, c'était le jeudi ; ce jour-là M. de Préville ouvrait son œuvre vers deux heures de l'après-midi.

Après leur visite à la chapelle et au bureau du directeur, les enfants jouaient jusqu'à trois heures et demie. Les membres de la Garde d'honneur étaient chargés d'entretenir l'animation et de la raviver, lorsqu'il en était besoin. Mais tout finit par lasser les enfants, même le jeu : rien n'est bon, dans une œuvre de jeunesse, comme la variété. Aussi, à trois heures et demie, après de bruyantes parties, M. de Préville réunissait ses enfants dans une grande salle d'en bas : c'était l'heure de « l'histoire ».

Les histoires, bien racontées, charment, instruisent et moralisent. Dans le début, le zélé directeur parlait lui-même ; mais bientôt, fidèle à son principe de se faire aider, il avait choisi quelques jeunes gens pour le remplacer. Plusieurs s'acquittaient parfaitement de cette tâche et pouvaient, en se préparant quelque peu à l'avance, aborder tel genre qu'ils voulaient. Les « anciens » ne se souviennent-ils pas de certains épisodes, plus frappants, racontés dans ces causeries : l'histoire de Tire-Bague, des Camisards, etc. ?

La séance durait une demi-heure. De la salle des « histoires » les enfants se rendaient à la chapelle, pour réciter le premier chapelet du jeudi et entendre une instruction familière, sorte de glose, faite de conseils paternels et de tendres reproches, ressemblant assez aux entretiens qu'on appelle, dans les collèges catholiques « la lecture spirituelle ». Quand on a connu M. de Préville et que l'on se rappelle qu'il profitait minutieusement de toutes les circonstances, grandes et petites, pour porter les âmes à Dieu, il est facile de penser que ces réunions, organisées et conduites avec la sagesse du véritable zèle sacerdotal, produisaient, dans le cœur des enfants, les plus salutaires effets.

A l'issue de ces exercices, les jeux recommençaient. Les écoliers dont l'estomac criait famine, pouvaient courir jusque chez leurs parents, pour y prendre un léger repas. Il était toujours bien convenu qu'ils ne devaient point s'arrêter avec des camarades suspects, ni surtout, à l'époque de la foire, se planter devant les baraques et les ménageries. M. de Préville, pour le dire en passant, faisait chaque année, de cette dernière privation, la matière d'un généreux sacrifice. Et ce qu'il demandait, il l'obtenait. Plus d'une fois, il signale, dans son journal, des victoires de ce genre, remportées par les enfants de son œuvre. Qu'on n'accuse point le saint directeur d'avoir montré, en cette circonstance, une trop grande sévérité. Il avait une connaissance profonde de la jeunesse ; il agissait à bon escient, imitant du reste en ce point, comme en beaucoup d'autres, le sage M. Allemand, qui disait : « C'est la coutume des meilleurs congréganistes de s'abstenir tout à fait d'aller à la foire même durant le jour. Et quand leurs affaires les obligent de passer par là, ils prennent de préférence les rues latérales. » (1)

En enfants soumis, les écoliers revenaient à l'œuvre le plus vite possible, sans céder aux tentations de la rue. Leurs jeux reprenaient jusqu'à huit heures, c'est-à-dire jus-

---

1. Cf. Sa vie, page 195.

qu'au moment de l'arrivée des apprentis et des jeunes gens de bureau.

Pour commencer la soirée des grands et pour terminer l'après-midi des enfants, M. de Préville réunissait tout le monde à la chapelle. On y récitait en commun un second chapelet, avec accompagnement de cantique, puis les écoliers quittaient l'œuvre, tandis que les aînés envahissaient les salles d'en haut, pour y terminer la journée.

C'est à partir de la quinzième année, nous l'avons dit, que les apprentis avaient le privilège de passer la soirée au patronage; privilège fort convoité et pour lequel les enfants, plus robustes, trompaient parfois la jalouse vigilance de M. de Préville, en se vieillissant à plaisir.

En effet, nous n'avons jamais connu de réunions plus intéressantes que ces soirées de Notre-Dame des Apprentis. Elles n'avaient, cependant, rien d'apprêté ni de coûteux. C'était la joie la plus vive, mêlée à la plus exquise simplicité. Les uns, rangés autour d'une table, jouaient aux cartes, aux dominos ou au loto; les autres causaient avec le directeur, véritable père au milieu de ses enfants; d'autres enfin, fumaient tranquillement la pipe ou le cigare, en été, adossés à une fenêtre ; en hiver, serrés étroitement près d'un agréable foyer. Rien du cabaret ou de la buvette. Si l'on voulait se désaltérer, on avait l'eau de la *pompe* ; le dimanche seulement, vers neuf heures, l'échanson de l'œuvre passait au milieu des rangs, pour offrir à chaque patronné *un* verre de bière. Et dans cette simplicité charmante, la soirée passait comme un éclair.

Une page que nous avons retrouvée dans le *Messager de Notre-Dame des Apprentis* nous montre bien l'impatient désir des enfants de prendre part à ces réunions, et révèle assez parfaitement l'esprit qu'elles présentaient. Nous citons textuellement cette littérature de patronage : « Si j'avais quinze ans !... Voici la nuit de Noël passée... que de désirs elle a enfantés, que de souhaits elle a fait naître parmi ceux qui, ayant de onze à quinze ans, ont obtenu suivant les vieilles coutumes, la permission de monter en haut avec les « grands » ! Combien de fois ne diront-ils pas, ces heureux d'une soirée, ces paroles si souvent répétées : Si j'avais quinze ans !.

« Et cependant, tout n'est pas rose dans la salle du haut pour les nouveaux arrivants;

quolibets, tracasseries innocentes, niches dro-
latiques, rien n'est épargné pour prouver au
nouveau venu que les grands ont le droit
d'aînesse sur lui.

« Dès qu'un visage inaccoutumé fait son
entrée dans la salle, s'il oublie d'ôter son
chapeau ou de dire bonjour à quelqu'un, on
se charge de lui annoncer, à grand renfort
de porte-voix, qu'il y a des porte-manteaux
dans la pièce et que la politesse exige de
saluer ceux à qui l'on rend visite.

« Lorsqu'enfin le nouveau venu a trouvé
une chaise pour s'asseoir, sa première pensée
est de fumer. Alors il exhibe un paquet de
cigarettes, en prend une et s'apprête à remettre le reste dans sa poche, lorsqu'une
voix retentit : « Eh ! dis donc, Chose, t'en
passes pas une à un vieux copain ? » Pour
ne point paraître avare, Chose passe le paquet
qui lui revient au bout de cinq minutes vide
ou à peu près. La même scène se passe
avec un paquet de tabac ou un étui à ciga-
res. Ah ! s'il vous était donné, chers petits
camarades, qui soupirez après cet âge doré
de quinze ans, de voir, un soir, les mille
misères que subit un nouveau membre dans
le cercle des « grands », vous ne soupireriez

pas tant pour venir nous rendre visite. » (1)

Malgré cela, ou plutôt à cause de ces plaisanteries enfantines, ces réunions étaient de vraies réunions de frères. Certaines séances, surtout, présentaient le plus vif intérêt. Nous voulons parler de celles qui précédaient la messe de minuit, ou terminaient le jour des rois. Nous l'avons dit, elles finissaient trop vite. Qui pourrait oublier, après avoir eu la joie d'y assister seulement une fois, la soirée de l'Epiphanie, le réveillon de Noël, etc. ? Quel entrain, quelle charmante gaîté ! Qu'on ne dise pas que ces séances-là avaient quelque chose d'extraordinaire, à cause des chansonnettes ou du gâteau des rois ; en réalité, le secret de cette allégresse simple, était toujours le même, à savoir une fraternité bien comprise et bien pratiquée.

Avant de se retirer, c'est-à-dire à dix heures, tous les membres entraient à la chapelle pour la prière du soir, que M. de Préville récitait lui-même.

C'était la prière du catéchisme diocésain, à laquelle on ajoutait quelques invocations pour des intentions particulières, et, notam-

---

1. Cf. *Messager de Notre-Dame des Apprentis*, 1889, n° 1.

ment, pour les camarades appelés sous les drapeaux. En sortant du sanctuaire, les apprentis s'inclinaient devant la statue de Notre-Dame de Lourdes et disaient l'*Ave Maria*, puis ils partaient, défilant les uns après les autres, devant M. de Préville qui se tenait à la porte de sortie pour recevoir leurs poignées de mains, et leur donner, en retour, sa bénédiction.

Rien de plus touchant que cet usage. La bénédiction du départ était le complément désiré d'une heureuse journée. Jeunes et vieux la recherchaient ; nul n'aurait voulu partir sans la recevoir ; et quand parfois — ce qui n'arrivait guère — M. de Préville avait à se plaindre d'un de ses enfants, il ne pouvait infliger de plus dure punition que de la refuser.

Evidemment, dans ce cas, le coupable ne sortait pas ; avant de se retirer, il fallait s'expliquer, demander pardon, et faire la paix, non seulement avec le directeur, mais aussi avec le bon Dieu ; car, plus d'une fois, ces entrevues intimes se terminaient par l'absolution sacramentelle.

Et maintenant, parlons de jeux.

Comme tous les directeurs expérimentés,

M. de Préville attachait au jeu une importance de premier ordre. N'est-il pas certain qu'une œuvre où l'on joue beaucoup, est une œuvre qui marche bien ? L'abbé de Préville disait, le 11 mars 1877, à ses chers membres de la Garde d'honneur. « Je vous répète ce que disait souvent M. Allemand : tous ceux qui dans une œuvre jouent bien, sont sur le chemin de la persévérance, car le démon n'entre pas facilement dans le cœur d'un jeune homme qui est tout au jeu. Ce saint prêtre disait aussi qu'il avait plus de confiance dans un bon joueur que dans celui qui serait sans cesse à la chapelle. (1) Fidèle à ce principe qui était bien le sien, M. de Préville revenait souvent, dans ses entretiens, sur cette nécessité du jeu.

Une autre fois, il faisait appel à l'expérience personnelle de ses enfants : « Jugez par vous-mêmes, leur disait-il. Quand vous avez bien joué au patronage, tout vous est agréable, vous êtes heureux ; au contraire, cessez de jouer, vous sortez de la réunion mécontents et disposés à tout abandonner. De plus, que

---

1. Procès-verbaux des réunions de la Garde d'Honneur, 11 mars 1877.

penseront les nouveaux, si au lieu de se ré-
créer, comme vous le leur aviez fait entrevoir,
ils s'ennuient dans un coin de la cour? Ils
diront qu'ils ne veulent plus revenir ; et
voilà peut-être des enfants qui se perdront
ailleurs, tandis que quelque effort de votre part,
en leur faisant prendre goût au patronage,
les aurait probablement maintenus dans la
voie du bien. Courage donc, enfants du bon
Dieu ; mettez-vous bien à la besogne ! » (1)

En conséquence, il demandait aux « grands »
de jouer avec les « petits ». Quand les aînés
se mêlent à un jeu, l'entrain se communique d'instinct et les récréations s'animent
naturellement. Rien n'est plus facile à constater dans une œuvre. Le patronage devient
alors une famille où règne l'union, avec la
plus charmante gaîté. « Les jeux les plus
simples, disait-il dans une séance de la
Garde d'honneur, ont de l'attrait, quand
les grands s'en mêlent. Il ne faut pas non
plus que deux ou trois seulement puissent
prendre part au jeu; il faut que tout le
monde puisse jouer. On doit s'amuser beau-

---

1. Procès-verbaux des réunions de la Garde d'honneur, 15 septembre 1874.

coup au patronage, dût-il vous en coûter ! » (1)

Mais si le jeu doit être en honneur dans une œuvre de jeunesse, il n'est nullement nécessaire qu'il soit dispendieux ou compliqué.

Les jeux que M. de Préville affectionnait particulièrement, c'étaient les jeux mouvementés, tels que le jeu de barres, le jeu d'échasses, les exercices de gymnastique ; en hiver, les glissoires, les grandes parties de balle au chasseur, les combats des Français et des Anglais, des chrétiens et des mahométans. « Une des batailles qui m'est le mieux restée dans la mémoire, écrivait un ancien dans *le Messager de Notre-Dame des Apprentis*, c'est la prise d'Orléans par Jeanne d'Arc ! Quel entrain, quel acharnement !

« Du reste, il faut dire que la cour du patronage à ce moment-là, était propre à une action de ce genre. La ville d'Orléans était cette pauvre *gloriette* plantée au milieu de cinq ou six peupliers, et qui, depuis a disparu.

« Les Français étaient postés à la porte d'entrée ; il fallait enlever la *gloriette* tout

______

1. Procès-verbaux de la Garde d'honneur, 19 janvier 1875.

au fond de la cour et en chasser les Anglais. Dieu! quelle ardeur! On grimpait sur les peupliers, sur la toiture de la *gloriette*, on se laissait glisser le long des barreaux. De tous côtés, on envahit la place; il ne tint qu'à un cheveu, que, au mépris de l'histoire, Jeanne d'Arc ne fût faite prisonnière: cela se comprend, dans le feu de la bataille, on peut oublier l'histoire. Je me souviens avec quels hourras et quels chants de joie, nous poussâmes le cri de victoire lorsque le drapeau blanc fut planté sur la position. Je crois encore entendre les cris de guerre: « Mort à l'Anglais, sus à l'ennemi. » Vrai, c'était entraînant!

« Mais le plus comique, c'était d'entendre après la bataille le commentaire de l'action; l'on redisait les fautes commises; ici, on aurait dû faire telle chose, là, telle autre; les uns racontaient leurs prouesses et leurs exploits; les autres se tâtaient et montraient les éraflures reçues dans la mêlée. Parfois on avait un œil poché, mais, à cela près on était content, et quand on rentrait le soir à la maison, on radoucissait les mamans courroucées à la vue d'un pantalon déchiré, en leur racontant avec force détails, les exploits de la journée, et le cœur heureux, on s’endormait en rêvant une autre bataille. » (1)

M. de Préville avait horreur des promenades par petits groupes. Cette manière de passer le temps au patronage ne lui paraissait pas digne d’un jeune homme. « Cela sent le commérage à quinze lieues à la ronde » disait-il quelquefois dans son langage familier ; mais les jeux bruyants et animés, il les encourageait par tous les moyens en son pouvoir.

Quand le mauvais temps forçait les enfants à quitter la cour, ils entraient dans une grande salle du rez-de-chaussée, la « salle des histoires », qui se transformait immédiatement en préau de récréation. Leur plus grand plaisir était de courir autour des colonnes et des tables, en sorte que le jeu ne s’arrêtait jamais. C’était ce que désirait M. de Préville.

Le soir, nous l’avons dit, les grands se rendaient dans les salles d’en haut. Là, c’était l’endroit des jeux tranquilles dont nous avons parlé : même simplicité que dans la cour, pour le choix des divertissements. Le billard en était exclu ; on n’y connaissait

____

1. *Messager de Notre-Dame des Apprentis*, 1888, août.

pas les représentations théâtrales. Sur ce point, M. de Préville était intransigeant. Il avait ses raisons, comme M. Allemand avait les siennes.

Ce qu'il voulait, c'était qu'on s'amusât au patronage ; or, quoiqu'il n'y eut ni billard, ni théâtre, on s'y amusait beaucoup. « L'expérience l'a prouvé, disait l'auteur de la vie du saint prêtre de Marseille dont nous citons souvent le témoignage plein d'autorité ; plus les jeux sont simples dans une œuvre, plus on s'y amuse. C'est comme le pain qui plaît toujours et dont on ne se dégoûte jamais. » (1)

D'ailleurs, malgré cette simplicité qui était un des principaux charmes de l'œuvre, il y avait à côté des divertissements quotidiens, des récréations extraordinaires parmi lesquelles il faut signaler les « grandes promenades ».

Il y en avait trois surtout, qui offraient l'intérêt le plus attachant, à savoir, la promenade du lundi de Pâques, celle du lundi de Pentecôte, et celle du 14 Juillet. On partait de Boulogne de très bonne heure, pour

____

1. *Vie de M. Allemand*, page 217.

une paroisse de campagne dont M. de Préville connaissait le curé. Généralement la
route se faisait partie en chemin de fer, partie à pied. Grâce à la plus franche cordia-
lité, à l'entrain général, le voyage était un
des meilleurs moments de la journée. En
entrant dans le village, le patronage se rendait immédiatement à l'église, pour assister
à la sainte messe. On servait Dieu et, du
même coup, on édifiait le prochain ; car
l'arrivée de l'œuvre dans une paroisse ne
passait jamais inaperçue et faisait toujours
église comble.

Laissons d'ailleurs, la parole à un témoin
de ces joyeuses excursions : il s'agit d'une
promenade de lundi de Pentecôte, dans les
environs de Marquise : « Le saint sacrifice
terminé, nous prenons congé de M. le Curé,
et nous nous engageons à travers les marais du pays. Plaines immenses, toutes cou-
vertes d'eau en hiver, et toutes resplendis-
santes, en été, de la végétation la plus
luxuriante ; l'herbe et les fleurs nous mon-
taient jusqu'aux genoux ; aussi, vous voyez
d'ici les cent culbutes que les Benjamins de
la promenade ne manquaient pas d'exécuter
au milieu de ces tapis de verdure ; vrai-

ment, ils étaient plus heureux que les poissons dans l'eau. Les plus grands les regardaient faire et, dédaignant de se livrer à un exercice qui n'était plus de leur âge, se contentaient d'applaudir à leurs ébats. Passons les marais, sautons les ruisseaux qui en découpent çà et là la vaste étendue, franchissons avec précaution le pont de quarante centimètres de largeur qui s'impose à nous pour passer une petite rivière et arrivons bien vite à B... où nous attend notre dîner. Ici encore, c'est M. le Curé qui nous reçoit à bras ouverts. Par ses soins, deux tables encadrées de bancs rustiques avaient été préparées sous une voûte de verdure, au sein même du presbytère. Charmante, cette idée de nous faire dîner au milieu d'un bosquet où les arbres balançaient majestueusement leurs branches au-dessus de nos assiettes, et où, tout en reprenant des forces, nous jouissions du concert des petits oiseaux qui venaient voltiger légèrement au-dessus de nos têtes !

« Mais, faut-il le dire, plus charmant encore fut l'empressement avec lequel M. le Curé voulut lui-même nous servir. La gaîté fut complète, l'appétit ne manqua pas et rien ne fit défaut pour apaiser ses exigences ; enfin comme de coutume, les chansonnettes allèrent leur train ; M…, avec cette voix charmante que nous lui connaissons tous, nous fit entendre le « Tunnel sous-marin » ; B… remporta un vrai succès en nous chantant avec force commentaires, improvisés par lui pour la circonstance, « Mouillard les concombres », etc. ; enfin, on infligea à M. le Curé l'audition de la « Cigale et la Fourmi ». Une réception semblable exigeait évidemment des remerciements particuliers, nous les adressâmes de bien bon cœur à M. le Curé, et nous le quittâmes à regret, pour prendre la route d'Ambleteuse.

« Mon Dieu, cette route est comme beaucoup d'autres ; je ne vous la décrirai donc pas ; je me contenterai de vous dire qu'après avoir franchi environ quatre kilomètres, nous envahissons la plage et les dunes d'Ambleteuse, où chacun est prié de prendre ses ébats, comme bon lui semble, pourvu que ce soit toujours raisonnablement. Les uns ont grand plaisir à escalader le vieux fort abandonné de la plage, et à simuler une bataille ; d'autres trouvent une joie incomparable à monter sur la vieille carcasse d'un bateau échoué sur le sable ; ceux-ci prennent des bains de pieds, c'est pour eux la plus douce jouissance ;

ceux-là jouent au « carabin » dans un ravin, entouré de quatre montagnes de sable ; plus loin, on en voit qui, étendus sur le sable brûlant comme de véritables lézards, se livrent à d'admirables ronflements.....

« Mais que le temps s'écoule vite quand on s'amuse bien ! Voilà deux heures passées comme un rêve : nous nous rendons à l'église pour y réciter le chapelet et recevoir la bénédiction du Très Saint Sacrement ; puis il faudra déjà penser au retour ! » (1)

A ces grandes promenades de Pâques, de Pentecôte et du 14 juillet, il faut ajouter celles des corporations (Saint Crépin, Saint Eloi, Saint Jean devant la porte latine, Saint Claude) et celles de la congrégation qui présentaient à peu près le même caractère.

M. de Préville ne négligeait rien pour donner un vif intérêt à ces excursions. Il prenait, à sa charge, une bonne partie des frais, désireux que le plus grand nombre possible jouît de ces récréations. A la fin d'une journée semblable à celles que nous avons racontées, il écrivait dans son journal : « Bonne promenade : les enfants semblent s'y être

---

1. *Messager de Notre-Dame des Apprentis*, juin 1890.

amusés beaucoup ; les excursions les attachent au patronage ; en même temps, elles ont pour effet d'en mettre quelques-uns dans notre main. Seulement il ne faut ni lenteurs, ni hésitations. Aussi, est-il indispensable de tout prévoir afin de ne pas souffrir de contre-temps pendant la journée. » (1)

Telles étaient les différentes distractions de l'œuvre de M. de Préville. Simples, cordiales, entraînantes, elles entretenaient le bon esprit et le faisaient prospérer. Elles ouvraient certaines natures plus fermées, et contribuaient finalement à la gloire de Dieu et au salut des âmes. Au sein de cette fraternité, le patronage était une véritable famille, dont les joies et les peines étaient mises en commun.

Y avait-il, dans l'œuvre, ou même dans la famille de quelque jeune patronné, un ou plusieurs enfants admis à la première communion ? On priait pour eux au patronage, et on recevait la sainte Eucharistie à leur intention. M. de Préville disait de cet esprit de famille : « Il y a, mon Dieu, une douceur extrême dans l'union de tous ces jeunes cœurs qui battent à l'unisson et qui ensemble se

---

1. Juin 1879.

donnent si bien au bon Dieu ; oui, il est touchant de voir comment Jésus sait se conquérir peu à peu les âmes. »

Quand venait l'époque du tirage au sort, il y avait messe au patronage, pour les membres de l'œuvre qui y prenaient part ; les amis des futurs soldats venaient y assister et prier pour leurs camarades. Vers midi, les mêmes jeunes gens revenaient au patronage faire connaître à M. de Préville le résultat des opérations. Alors, le bon directeur se mêlait à eux et leur donnait d'intelligents et minutieux conseils pour le reste de la journée.

Il préludait ainsi à tout ce salutaire mouvement, créé depuis, en faveur des jeunes conscrits.

Que dirons-nous de cet esprit d'union, lorsque la mort venait frapper l'un des enfants de M. de Préville ? Alors, c'était un deuil pour tous les membres du patronage ; on chantait un service, dans la chapelle, pour l'âme du défunt, et le saint directeur, en même temps qu'il réclamait les prières de l'œuvre, ne manquait pas de mettre sous les yeux de ses patronnés les grands enseignements de la mort.

Entendons-le dans une circonstance de ce

genre : « Mes enfants, il y a dix jours à peine, nous étions tous réunis autour d'un cercueil : l'un de vos camarades était mûr pour le ciel. Pendant sa maladie, il me disait : « J'aimerais « mieux mourir que de devenir un mauvais « enfant ! » Admirable parole, si l'on considère qu'elle est prononcée par un jeune homme de vingt ans, à qui, je puis le dire, tout souriait ! Comme cette parole suppose une foi vive et un ardent amour de Notre-Seigneur ! » (1)

Quelques jours plus tard, en face d'une autre tombe prématurément ouverte, M. de Préville disait à ses fils : « Allons, mes enfants, ne perdons pas cette triste occasion de nous relever et de nous encourager au bien. Si j'étais mort, moi qui suis si lâche dans le service de Dieu, moi qui me laisse aller si souvent au péché ! O mon Dieu, ne m'infligez pas, comme punition, une mort subite ! Prions ensemble pour ce cher camarade et toutes nos prières réunies toucheront le cœur de Dieu. » (2)

Afin de perpétuer le souvenir de ces frères trop tôt disparus, M. de Préville fit sceller

1. Mort de Henri Hénon.
2. Mort de Mamelin.

dans l'une des murailles de la chapelle des plaques de marbre sur lesquelles on grava le nom des défunts du patronage. A l'heure où nous écrivons, la série en est déjà longue ; il y a parmi ces morts, des enfants, des employés, des entrepreneurs de bâtiments, des séminaristes, des novices de la Congrégation des Frères de Saint Vincent de Paul, un prêtre tombé dans l'exercice de son ministère ; leurs camarades survivants gardent leur mémoire et puisent, dans leur souvenir, la force de bien vivre, pour avoir la grâce de bien mourir.

Donnons maintenant quelques détails sur les fêtes religieuses, qui achèveront de faire connaître la vie du patronage.

Il y avait d'abord les fêtes générales de l'Eglise, parmi lesquelles nous signalerons Pâques, la Pentecôte, le Saint Sacrement, la Toussaint, Noël, qu'on célébrait avec éclat dans l'œuvre du boulevard Eurvin. M. de Préville avait l'habitude d'y préparer son monde par une retraite de trois ou quatre jours. Nous avons sous les yeux les sermons qu'il prononça pour ces différentes solennités ; tantôt, par exemple pour la fête de Noël, c'étaient de brûlants commentaires sur la présence réelle, et sur la venue de Jésus dans les âmes par la communion ; tantôt des développements pleins d'à propos sur les grâces dont le patronage était le foyer et dont il fallait bien se garder d'abuser, pour ne pas encourir la vengeance de Dieu.

Le résultat immédiat de ces fortes instructions se constatait au jour même de la fête, dans les nombreuses communions qui ne manquaient pas de réjouir saintement M. de Préville.

La première des fêtes religieuses, particulières au patronage, avait lieu à l'occasion du jour anniversaire de la fondation de l'œuvre. Nous l'avons déjà dit, on la célébrait le dimanche de Quasimodo. Le directeur l'annonçait avec soin la semaine précédente et y invitait les anciens du patronage avec leurs femmes et leurs enfants. A la messe, il y avait diacre et sous-diacre ; c'étaient presque toujours deux anciens enfants de l'œuvre qui remplissaient ces fonctions. M. de Préville adressait à sa famille dont tous les membres étaient réunis sous son regard, une question comme celle-ci : « Depuis cinq ans (il parlait ainsi le dimanche de Quasimodo 1878) il existe dans le jardin du Père de famille un arbre nouveau, qu'un jardinier soigne de son mieux. Cet arbre, c'est le patronage. Le Maître en attend des fruits agréables ; *expectavi ut faceret uvas.* Les trouvera-t-il ? Si oui, vive Dieu ! Nous sommes un bon arbre ; il ne sera ni coupé ni jeté au feu ; » et le Saint Sacrifice se terminait par une belle communion où se retrouvaient jeunes et vieux.

Une telle fête, se répétant chaque année, resserrait encore les liens d'une fraternité déjà bien complète ; elle avait aussi l'avantage de montrer aux jeunes enfants de l'œuvre, que M. de Préville n'entendait pas seulement travailler pour le présent, mais encore et surtout pour l'avenir. Aussi bien, ces anciens qui revenaient pour quelques heures au patronage, y avaient tous trouvé leur sauvegarde morale, et quelques-uns le secret de leur prospérité matérielle.

Le 15 août de chaque année, le patronage faisait son pèlerinage au sanctuaire de Notre-Dame de Boulogne. On partait vers sept heures du matin, au chant du *Magnificat,* croix en tête et bannière dans le milieu du groupe, pour la cathédrale. Le prédicateur de la station adressait une allocution aux membres de l'œuvre qui faisaient tous la sainte communion ; puis, après avoir vénéré la relique de la Sainte Vierge, l'on revenait au patronage où s'achevaient les prières de l'action de grâces. Quelques mots d'encouragement et de félicitation de la part du directeur mettaient fin à cette touchante manifestation de piété.

Cette parole d'encouragement à laquelle M. de Préville tenait beaucoup, avait pour but de préparer les enfants du patronage à la grande procession annuelle qui se fait à Boulogne, en l'honneur de Notre-Dame, pendant l'octave de l'Assomption.

L'œuvre y prenait part et une part honorable, par la place qu'elle occupait et par les nombreux chapelets, récités à haute voix, qu'elle faisait monter vers la Sainte Vierge. Or, participer à cette manifestation religieuse, les jeunes gens le savaient bien, c'était s'exposer à des tracasseries mesquinés, à des allusions sournoises dont le bureau ou l'atelier seraient le théâtre, le lendemain même de la procession. Il fallait donc raidir contre le respect humain, ces natures parfois timides pour le bien. M. de Préville n'y manquait pas ; durant les quinze jours qui précédaient la procession, il prêchait sur cette matière, et jamais il n'était plus incisif que lorsqu'il parlait de cette variété de la peur. La foi des jeunes gens retrouvait alors toute son énergie et les aidait à suivre sans rougir la bannière de leur patronage.

L'œuvre assistait aussi à la procession paroissiale du Très Saint Sacrement, le dimanche dans l'octave de la Fête-Dieu. Les mêmes luttes se livraient dans le cœur des jeunes gens, suivies des mêmes victoires. Non pas qu'il n'y eût jamais de défections : il arriva plus d'une fois que certains n'osaient pas braver les railleries des mauvais camarades, mais ce fut toujours l'exception.

Ainsi fonctionne depuis plus de vingt ans l'œuvre de M. de Préville ; rien, en effet, n'y est changé depuis le premier jour.

En parlant du passé, nous avons reproduit le présent : c'est toujours la même vie, animée du même esprit. Le patronage Notre-Dame des Apprentis a été fondé d'après le caractère des enfants de Boulogne, par un prêtre qui en avait saisi la vraie nuance ; sortir de ces traditions serait un essai périlleux que personne ne voudra jamais tenter.

Patronage de Notre-Dame des Apprentis à Boulogne-sur-Mer.

CHAPITRE ONZIÈME

La Piété dans l'Œuvre de M. de Préville
Moyens d'action employés par
M. de Préville pour porter ses enfants
a la Piété sérieuse : Les Associations,
les Retraites
Différentes Retraites de l'Œuvre
Idées de M. de Préville
sur les « Retraites par Groupes »

LA véritable raison du succès de l'œuvre de M. de Prévillé, c'était la piété qui y régnait. Or, si nous cherchons les principaux moyens employés par le saint directeur pour obtenir ce résultat, nous en trouvons surtout deux que nous allons essayer de mettre en lumière.

Son premier moyen d'action fut la « Garde d'honneur du Saint-Sacrement ». Déjà nous avons parlé de son institution et du but général que poursuivait M. de Préville en l'introduisant dans son œuvre : faisons ressortir en ce moment l'influence exceptionnellement heureuse qu'elle exerça sur le patronage.

Une fois de plus, il importe de montrer la puissance des associations au sein des œuvres de jeunesse. Les prêtres qui se dépensent dans ces sortes de ministère n'apprendront rien en lisant ces pages ; mais elles seront peut-être de quelque utilité pour certaines âmes moins expérimentées.

Dès le commencement, M. de Préville s'attacha à faire comprendre aux quelques membres de la « Garde d'honneur » qu'ils devaient être comme le pivot du patronage.

« C'est vous, leur disait-il le 11 mars 1874, qui devez allumer dans tous les cœurs le feu de l'amour de Notre-Seigneur au Très-Saint-Sacrement. Quelle belle et honorable mission ! Les apôtres n'étaient que douze et ils ont converti le monde. Les gardes d'honneur sont déjà au nombre de seize, et ils n'ont pas précisément le monde entier à incendier. Courage donc, mes enfants ; soyez fervents pour porter vos camarades à Dieu. » (1)

« Ce qui dépare le plus notre cœur, disait un peu plus tard M. de Préville, c'est l'égoïsme, cette pensée de nous-mêmes qui nous poursuit et nous absorbe, quand nous devrions mettre en place la pensée des autres. Nous sommes obligés de détruire en nous

____

1. Procès-verbaux, 11 mars 1874.

ce déplorable sentiment. Regardons les saints : voilà des exemples frappants de charité et de dévouement que nous devrions suivre : mais hélas ! nous nous préoccupons trop de nous-mêmes, et pas assez des autres. Rejetons donc cet amour de notre personne qui nous empêche de faire du bien à nos camarades, oublions-nous pour ne penser qu'aux autres et demandons à Jésus un peu de sa charité et de son dévouement. » (1)

Et ce dévouement, les membres de la Garde d'honneur avaient mille occasions de le pratiquer. « Vous avez bien des occasions de vous dévouer, disait encore l'abbé de Préville. Au patronage, d'abord, si vous voyez de vos camarades qui s'ennuient ; approchez-vous d'eux ; invitez-les à participer avec vous, même à un jeu qui ne vous plaît pas ; et ces camarades seront heureux, et prendront goût au patronage.

« Et dans vos ateliers, c'est là surtout que vous pouvez montrer votre charité. Lorsqu'un ouvrier vous taquine, le premier mouvement c'est de lui garder rancune ; avec du dévouement, nous ferons le contraire ;

---

1. Procès-verbaux, 30 juin 1874, 8 décembre 1874.

nous serons attentifs à ses désirs, nous chercherons l'occasion de lui rendre service ; cette conduite finira par le faire réfléchir et peut-être par le convertir. » (1)

Cependant, rien n'est efficace, en matière d'apostolat, comme le bon exemple. Aussi M. de Préville en prêchait-il souvent l'obligation à ses jeunes congréganistes. « Les plus beaux sermons ne peuvent faire autant de bien que la prédication du bon exemple. On a beau dire à un enfant : jouez donc, si personne ne lui montre l'exemple, il ne jouera pas ; ce qu'il faut, c'est nous montrer fidèles à la prière, au bon esprit, à la confession, à la communion fréquente, à la visite au Saint-Sacrement. »

Et pour fortifier ses enfants dans cette pratique du zèle, M. de Préville, à la suite de M. Allemand, leur montrait les heureux résultats de leur apostolat.

« Par le zèle, disait-il, on imagine de pieuses ruses contre l'inconstance, l'ennui et l'insouciance, par le zèle, le patronage devient une famille où les grands sont les anges gardiens des plus jeunes, où les petits

---

1. Procès-verbaux, 16 mars 1875.

s'appuient avec confiance sur les grands, où tous s'encouragent par leurs bons exemples, se livrent aux mêmes jeux, assistent aux mêmes exercices, entendent les mêmes instructions, se retrouvent dans les mêmes lieux ; en un mot, par le zèle, tous s'aiment, travaillent à se sanctifier et l'œuvre devient un séjour de bonheur. » (1)

Après avoir ainsi établi la nécessité et les avantages de la charité fraternelle, M. de Préville ne manquait pas d'en indiquer la vraie source et le seul foyer qui est le Cœur de Jésus. De là ses exhortations incessantes à la communion fréquente et à la visite au Saint–Sacrement. « Une des principales charges des gardes d'honneur est de rendre à Notre-Seigneur dans l'église le respect qui lui est dû. Notre-Seigneur est là ! cette seule pensée serait pour chacun de nous un préservatif contre les distractions. Dieu voit le moindre de nos efforts : Il est témoin de cette petite mortification que je m'impose : quelle pensée consolante ! » (2)

Une autre fois, il disait à ses petits apôtres

---

1. Procès-verbaux, 21 juillet 1877.
2. Procès-verbaux, 14 février 1874.

« Que j'aime un enfant qui après s'être réjoui de se trouver en la présence de Jésus et avec Lui, lui expose ses défauts, ses besoins, sa dissipation, sa paresse, ses mauvaises habitudes ! Oh ! oui, voilà la bonne manière de faire une excellente visite au Saint-Sacrement ; et si tous, nous agissions ainsi, comme Jésus bénirait notre petite association ; comme nous deviendrions bons et aimants pour ce tendre Maître ! »

Quant à la communion, le directeur désignait, au début de chaque séance de congrégation, trois ou quatre membres chargés de recevoir la sainte Eucharistie, le dimanche suivant ; lorsqu'une fête religieuse se présentait, tous les congréganistes se faisaient un de voir de communier, sans aucune demande de M. de Préville, mais par habitude de piété.

On le voit donc, Dieu était le maître de ces jeunes cœurs ; il régnait en conquérant dans ces âmes généreuses et les faisait agir. Et quand l'on a constaté, par une douce expérience, toutes les puissances de sacrifice et de générosité dont le cœur d'un jeune homme est capable, on peut se rendre compte des résultats qu'obtenait M. de

Préville, par le moyen de sa Garde d'honneur. C'était comme le bon levain qui conservait au patronage ses éléments de vitalité.

Du reste, M. de Préville éveillait fréquemment dans l'âme de ses congréganistes le noble sentiment de la responsabilité. « Si vous êtes bons, leur disait-il un jour, le patronage sera bon ; si vous êtes mauvais, notre œuvre se ressentira de vos dispositions médiocres. » (1)

Et une autre fois : « C'est sur vous que l'œuvre repose ; c'est de vous que dépend sa marche. » (2)

M. de Préville ne fut pas trompé dans ses espérances. Sa modeste congrégation de la Garde d'honneur fut, dans son œuvre, un véritable foyer de piété et de dévouement. Il le reconnut un jour devant les congréganistes eux-mêmes : « Dès le début du patronage, leur disait-il le 26 octobre 1879, j'ai compté sur vous pour la fondation de mon œuvre ; aujourd'hui qu'elle est parfaitement établie, c'est encore à vous qu'il appartient de travailler à sa prospérité. »

---

1. Procès-verbaux, 25 avril 1876.
2. Procès-verbaux, 25 mai 1877.

Ainsi M. de Préville poussait à la perfection ses meilleurs enfants, et en faisait, au sein de son œuvre, des aides précieux. Preuve nouvelle de la grande utilité des associations dans les œuvres de jeunesse, dans les maisons d'éducation, et dans les paroisses.

Il y avait, dans l'œuvre, un second moyen de sanctification auquel M. de Préville attachait une importance de premier ordre : nous voulons parler des retraites.

Les retraites sont aujourd'hui en grand honneur dans le monde de la piété. Qui ne sait qu'elles sont éminemment l'occasion des fortes déterminations et des résolutions généreuses ? Les maîtres en spiritualité sont d'accord avec l'expérience pour affirmer que rien ne peut remplacer ce puissant ressort de la vie morale.

Or, si nous regardons aujourd'hui sans étonnement les différentes catégories sociales participer aux diverses retraites qui sont données dans les maisons religieuses, il était loin d'en être ainsi, au moment où M. de Préville ouvrait son œuvre de jeunesse. Seuls, les prêtres et les personnes consacrées à Dieu avaient ce privilège. Tous ceux qui ont souci de leur âme doivent donc une vive reconnaissance aux saints prêtres dont le zèle a généralisé ce moyen de conversion.

Parmi eux, M. de Préville occupe une place de choix. Il n'épargna rien pour étendre les retraites. Il en prêcha dans toute la France ; retraites d'écoliers, retraites de première communion, retraites fermées ; on était sûr de le trouver toujours disposé à accepter, lorsqu'on réclamait son concours pour ce ministère où il excellait.

Il y avait trois sortes de retraites au patronage du boulevard Eurvin, la retraite des enfants des écoles, la retraite des jours gras, et les retraites fermées.

La retraite des écoliers avait lieu vers la fin du mois de septembre, immédiatement avant la rentrée des classes. Elle durait trois jours et était suivie par des enfants de onze à quatorze ans, ayant fait leur première communion. Leur nombre s'élevait quelquefois à 180 et ne descendait jamais au-dessous de 150.

Le programme de cette retraite était fort chargé. M. de Préville avait pour principe de demander beaucoup aux enfants. Il jetait donc, avec audace, ces petits retraitants

dans la piété. (1) Outre les trois instructions, il y avait la grand'messe, les vêpres
solennelles, l'exercice du chemin de la croix
et le rosaire en entier, tout cela entrecoupé
sans doute de récréations, mais de récréations dont la plus longue ne durait qu'une
heure. Le jour de la clôture, les enfants
faisaient la sainte communion. Et ils quittaient
l'œuvre pour se répandre dans les diverses
écoles de la ville, prémunis et armés contre
les dangers qu'ils y pouvaient rencontrer.

Nous avons déjà dit quelque chose de
« la retraite des jours gras » ; achevons,
ici, de la faire connaître.

Elle commençait le samedi soir à huit
heures et demie, et se terminait le mercredi
des Cendres de grand matin. Les membres
des différents patronages de Boulogne la
suivaient, ainsi que plusieurs jeunes gens
d'œuvres étrangères à qui M. de Préville
offrait l'hospitalité avec l'espérance qu'ils
transporteraient cet exemple à leur pays.
Le groupement des retraitants ne se faisait
pas sans difficulté ; car tous les ateliers ne
sont pas fermés et les bureaux ne chôment

---

1. *Messager de Notre-Dame des Apprentis*, octobre 1888.

pas tous, pendant les jours de Carnaval. M. de Préville faisait comprendre à ses enfants l'importance de la retraite et les excitait à demander respectueusement à leurs patrons la permission de suivre les exercices ; parfois même, il faisait lui-même les démarches nécessaires, en faveur des apprentis plus timides. Dieu y mettait sa grâce ; car les comptes rendus que nous avons sous les yeux, signalent la présence moyenne de 120 jeunes gens.

Jusqu'en l'année 1884, les retraitants, arrivés le matin, ne quittaient pas le patronage avant huit heures du soir ; on leur servait le dîner dans une des grandes salles de l'œuvre. C'était une dépense considérable qui n'était peut-être pas de première nécessité : M. de Préville le comprit et n'eut pas à se repentir de l'avoir supprimée, car il n'éprouva aucune perte sérieuse dans son personnel. Cette mesure lui procura plutôt l'avantage de voir disparaître certains enfants dont les vues peu surnaturelles étaient une médiocre préparation à l'action de la retraite. Voici quelle était l'ordonnance des exercices :

Samedi, à 8 h. 1/2, ouverture de la retraite, chapelet, cantique, *Veni Creator*, instruction.

Chaque jour de la retraite :

     8 h. 1/2, messe sollennelle
     9 h. 1/2, récréation
     10 h. 3/4, instruction
     11 h. 1/2, premier chapelet
     Dîner
     2 h. 1/2, deuxième chapelet
     3 heures, instruction
     4 heures, goûter et récréation
     5 h. 1/2, vêpres
     6 heures, instruction
     7 heures, récréation
     7 h. 1/2, chemin de la croix
     8 heures, troisième chapelet et salut
     Avis et départ.
     Mercredi, première messe à 5 h. 1/2,
     à 7 heures, messe de communion,
     Remerciements au prédicateur.

Pendant les trois jours de retraite — jours de péché pour les mondains — le Très-Saint-Sacrement était exposé dans la chapelle du patronage. Les jeunes gens y venaient à tour de rôle, et par petits groupes, offrir leurs adorations réparatrices. Et de peur que l'entrain de la récréation ne leur fît oublier ce pieux devoir, M. de Préville désignait un « admoniteur » chargé de prévenir les camarades en retard ; mission que le saint directeur relevait singulièrement par les pensées de la foi, ainsi que nous le fait voir le règlement suivant : « L'admoniteur doit se rappeler qu'il remplit la fonction que son bon ange a remplie tant de fois près de lui *inutilement*. Il s'en souviendra pour mettre beaucoup de patience et de douceur dans la manière dont il rappellera à chacun que son tour est venu de se rendre auprès de Notre-Seigneur, pour lui tenir compagnie.

« Cette fonction lui fournit l'occasion de se présenter souvent à la porte de la chapelle pour se rendre compte s'il y a toujours quelqu'un près du bon Sauveur.

« Il devra se faire une liste sur laquelle il mettra le nom de tous ses camarades, pour que chacun puisse avoir le bonheur de passer quelques instants près du divin Maître, qui nous fait l'honneur de demeurer dans notre patronage. Qu'il se réjouisse donc d'avoir été choisi pour cette belle fonction, et qu'il sache profiter de toutes ces petites apparitions à la chapelle pour tenir son cœur uni à Notre-Seigneur ! » (1)

Le sanctuaire était orné comme pour les

---

1. Journal de M. de Préville.

plus grandes fêtes de l'année. Un retraitant faisait les fonctions de sacristain. M. de Préville, toujours surnaturel, lui recommandait « de prendre garde de perdre le fruit de la retraite, dans une trop grande préoccupation, en s'appliquant à diviniser ses actions, et en se rappelant qu'il agit pour Notre-Seigneur lui-même ». (1) C'est dans cette atmosphère toute céleste que les retraitants passaient les jours du Carnaval. Ces heures de plaisirs coupables devenaient ainsi, pour eux, des heures de conversion et de sanctification. Dieu les récompensait du sacrifice réel qu'ils s'imposaient. Parfois même, des patronnés que M. de Préville ne pouvait amener à la retraite étaient travaillés par le remords et venaient quelques semaines plus tard, « se jeter dans le cœur du bon Maître ». (2) C'était encore un des résultats de la grâce dont l'action victorieuse l'emportait sur celle du démon.

Avant de quitter les retraitants, le prédicateur donnait à chacun un « souvenir de retraite ». C'était un sujet religieux repré-

1. Journal de M. de Préville.
2. Journal de M. de Préville, 18 février 1883.

sentant quelque scène de l'Évangile, ou un trait de la vie des saints. Les membres des patronages de Boulogne l'emportaient chez eux avec l'intention de lui donner une place d'honneur.

C'est après l'une de ces retraites du Carnaval que M. de Préville eut la joie de recevoir de son Evêque l'encourageant témoignage que nous voulons citer :

« Evêché d'Arras, 5 mars 1881.

« Cher Monsieur de Préville,

« Il m'en coûterait de ne pas vous exprimer avec quel consolant intérêt, j'ai accueilli les détails que vous m'avez transmis sur la manière dont se sont passés, dans votre pieux asile, ces jours où le monde offre tant de dangers pour la vertu.

« Grâce à votre dévouement, que j'apprécie de plus en plus, bon nombre de jeunes gens ont trouvé des moyens de sanctification et d'affermissement dans leurs bonnes résolutions.

« Que le bon Dieu continue de bénir votre belle œuvre, et qu'elle soit, par les consolations qu'elle vous procurera, la récompense méritée d'un zèle qui ne recule devant aucun sacrifice, dès qu'il s'agit du salut des âmes.

« Agréez, mon cher abbé, l'assurance de mon affectueux dévouement en Notre-Seigneur

« † J. B. J. *Évêque d'Arras.* »

Mais le couronnement de l'œuvre de M. de Préville fut « la retraite par groupes » ou « la retraite fermée ».

Dès qu'il eut connu ce puissant moyen de sanctification, il chercha à l'introduire dans le patronage de Notre-Dame des Apprentis. Or, lui-même nous a raconté, dans une sorte de directoire pour les retraites des jeunes gens, comment il avait été mêlé à cette œuvre, et ce qu'il en pensait. Citons ces pages qui sont de nature à faire beaucoup de bien :

« Quand je fus appelé (c'était en 1881) à prêcher, à Tilly, une de ces retraites par groupe, j'avoue que je fus légèrement épouvanté. Je ne me sentais guère préparé à ce ministère dont je ne voyais pas tout de suite la portée ; je ne savais pas encore combien il est profitable aux jeunes âmes. Si j'avais à demander pour la première fois, un concours de ce genre à un confrère, ma plus grande préoccupation serait de lui persuader qu'il doit être maître du cœur des jeunes gens après deux ou trois instructions, qu'il peut, à son gré, les pousser ou les arrêter, les jeter dans le cœur de Notre-Seigneur ou les distraire au profit de n'importe quelle vanité ; je lui conterais aussi ce trait si frappant de la vie de M. Allemand : Lorsqu'il était interrogé par un jeune homme sur une question sérieuse, ce saint prêtre répondait : « Attendez » et il se jetait à genoux pour savoir de Dieu quel était son désir dans ce cas particulier.

« Il faut donc que nous, qui avons l'honneur d'être les intermédiaires entre Dieu et les âmes dans les œuvres de retraite, nous soyons, pendant ce temps, bien plus encore que pendant le reste de l'année, des hommes de prière et d'oraison. Notre direction doit être féconde, et elle le sera, si elle vient de Dieu. La forme de nos discours n'aura pas grande importance, si Dieu n'y met la main. Et il l'y mettra d'autant plus que nous serons plus à Lui.

« Puis, le prédicateur devra se convaincre, pour lui-même, de l'importance de la retraite qu'il se dispose à donner. Il se dira : « Que je ne sois pas la cause de l'insuccès de cette œuvre, par ma légèreté, par mon manque d'esprit de foi, ou par mon absence de générosité. » Plus nous serons pénétrés de cette importance, plus il nous sera facile d'en pénétrer les autres. »

Après ce début, M. de Préville insiste immédiatement sur la nécessité de la « Direction », pendant les temps libres. Le prédicateur ne doit pas être un simple « sermonneur » ; il veut, avant tout, qu'il soit un « directeur ».

« Il sera bien utile que le prédicateur ait les matériaux de ses instructions tout prêts, afin qu'un simple regard lui suffise pour revoir ce qu'il doit dire et qu'il puisse disposer de tout son temps pour la direction.

« Si, en effet, la direction est importante dans la vie ordinaire des œuvres de jeunesse, il est non moins important qu'il y ait quelquefois un *confirmatur* de notre direction habituelle ; or, c'est justement dans la retraite, que se donne ce *confirmatur*. Par exemple, un jeune homme vient trouver le directeur de la retraite pour lui confier certaines difficultés. Par suite d'idées fausses, le retraitant n'a pas osé s'en ouvrir à son directeur ordinaire. Le directeur de la retraite lui montrera, avec discrétion, qu'il s'est maladroitement laissé prendre à un piège du démon.

« Il y a manière de dire tout cela, sans froisser : et quand l'affaire est bien éclaircie, il faut profiter de l'influence acquise pour ranimer la confiance dans le directeur ordinaire. »

Deux choses contribuent à l'efficacité de cette direction donnée dans les retraites : la connaissance du cœur d'un jeune homme, et la compassion à l'endroit de ses faiblesses. « Il faut, continue M. de Préville, une grande compassion pour les « misères » des jeunes gens et une grande bonté pour encourager leurs moindres efforts.

« Si nous savions être bons, comme l'a été Notre-Seigneur pour les Apôtres ! Après trois ans de retraite sous sa direction, ils l'ont tous abandonné, et lui, dans sa miséricorde, est allé les rechercher, et il en a fait des saints.

« Jésus nous dit : *Discite a me quia mitis sum et humilis corde.*

« Oui, Seigneur, c'est vous qui nous faites.

cette leçon et nous aurions bien mauvaise grâce à ne pas l'accepter.

« Qui donc n'a pas besoin de se prêcher à soi-même la bonté, la douceur et l'humilité ? Si l'on vient nous trouver quand nous serons accablés de fatigue, rappelons-nous la scène du puits de Jacob : Jésus, *fatigatus ex itinere,* attend cependant la femme de Sichar pour la convertir. »

Mais cette direction, pleine d'onction et de douceur, ne doit pas exclure, selon M. de Préville, l'esprit de pénitence. « Je crois, dit-il, qu'il est d'une importance capitale de profiter de ces retraites pour faire de nouveau passer dans les usages du peuple chrétien les mortifications corporelles. De tout temps, elles ont été employées par ceux qui ont tenu à se sanctifier.

« Il est bien étonnant que nous, prêtres, qui devons être les hérauts de la mortification, nous éprouvions tant d'hésitation à la présenter à des natures généreuses comme le sont celles des jeunes gens.

« Sans doute, il y aura bien à réprimer quelques abus, quelques enfantillages ; sans doute encore, le travail de chaque jour peut devenir entre les mains des jeunes gens un instrument excellent de discipline et de pénitence ; mais il faut qu'ils aient goûté de la pénitence corporelle, pour retrouver dans leur travail quelques traits de ressemblance. J'en ai fait une expérience à Hardinghen, en 1883 : je m'en suis bien trouvé ; seulement, le sujet demande à être sérieusement présenté. Ce n'est pas un jeu que l'on propose : c'est une manière de réparer quelques-unes des plus grosses fautes de la vie passée, un moyen de se fortifier contre les défaillances de l'avenir. Il n'y a là aucune obligation stricte, mais un conseil donné à tous ceux qui se sentent attirés par l'âpre joie de souffrir pour Jésus et avec Jésus.

« Pour obtenir une sérieuse organisation de ces pénitences, il est nécessaire que chaque retraitant ait sa chambre particulière. Il est bon — pour empêcher les exagérations et les abus — que Dieu et le confesseur soient seuls à connaître ces efforts de mortification.

« J'aime assez les billets dans lesquels, sous le voile de l'anonyme, chacun raconte, le soir, les mortifications qu'il s'est imposées et le but pour lequel il se les est imposées. Quand elles seraient légèrement exagérées, elles ont pour effet de stimuler des volontés un peu paresseuses, et donneront la pensée de prier pour certaines intentions qui étonnent et qui charment en même temps. »

M. de Préville en arrive ensuite à parler du temps libre. « Ces retraites laissent entre les instructions un certain temps que nous appelons temps libre : moments éminemment précieux, s'ils sont bien employés : moments très dangereux, s'ils sont mal dépensés.

« Le but de ce temps donné aux jeunes gens est de leur laisser la facilité de se recueillir et de revenir sur les vérités présentées au cours des instructions. Un prédicateur ne peut pas dire à une âme tout ce dont cette âme a besoin ; l'homme n'a point cette finesse de touche que le Saint-Esprit emploie pour vaincre une dernière résistance à la grâce. Le temps libre doit être consacré à l'examen de conscience, au retour sur les instructions entendues, à la contrition, à la prière. Je ne fais qu'indiquer ces choses, mais elles doivent être soigneusement et fréquemment expliquées aux retraitants, sous peine de leur voir perdre ce temps si utile.

« Rien n'est plus capable de fixer l'esprit des jeunes gens, que d'obtenir d'eux qu'ils rédigent leurs impressions de retraite. Expliquons-leur les avantages des cahiers de retraite, surtout pour l'avenir : que d'âmes abattues ont retrouvé le courage, en relisant ces pages écrites sous le regard de Dieu ! »

Un autre moyen de bien employer le temps libre, est la visite au Saint-Sacrement.

« Il devra toujours y avoir un ou deux retraitants à la chapelle, pendant les moments libres. Ici encore, la précision est nécessaire et permet au prédicateur de s'emparer de plus en plus de l'âme de ses auditeurs. Pour cela, il leur détermine utilement des intentions pratiques pour la visite à Notre-Seigneur ; il leur conseillera également la lecture de tel chapitre de l'Imitation dont un exemplaire se trouvera sur un prie-Dieu, à la chapelle.

« Il faut, si l'on veut tenir ces jeunes gens sous l'empire de la grâce, qu'ils se sentent, à chaque instant, une besogne précise à accomplir. Prévoyons donc le plus possible pour eux et pour nous ; procurons-leur des livres de lecture pieuse, afin de couper le temps ; puis nous pouvons insister sur la nécessité du silence dont l'oubli serait très préjudiciable au succès de la retraite. »

Il y a parfois une occasion de dissipation

dans les repas pris en commun, et par conséquent, un écueil : M. de Préville conseillait fortement la lecture au réfectoire comme remède à la dissipation ; cette lecture se terminait quelques instants avant la fin du dîner.

« La lecture au réfectoire, dit-il, est quelque chose de tout à fait nouveau pour la plupart de nos jeunes gens ; il faut bien profiter de cette ressource : que la lecture soit choisie avec soin ; qu'elle soit attachante et sérieuse à la fois. Le merveilleux de la vie des saints gagne à être connu des jeunes gens. Ainsi, je ne crois pas qu'aucune lecture les ait intéressés au même point que celle de la vie de Dom Bosco.

« Le prédicateur pourra, avec avantage, faire entrer dans ses instructions les traits principaux de cette lecture, quand ils viennent en preuve de ce qu'il désire établir. Cela relève la lecture aux yeux des jeunes gens et les amène à chercher, une autre fois, les applications qu'ils peuvent se faire à eux-mêmes, de ce qu'ils ont lu. »

Ici, une question sérieuse s'offre à notre attention : est-il bon de pousser les jeunes gens à recevoir la sainte communion, durant les jours de retraite, ou bien est-il préférable de s'en tenir à l'ancien usage de leur faire faire la communion, seulement à la cérémonie de clôture?

M. de Préville ne nous donne point, par raison d'humilité, son avis définitif sur cette question, mais il est facile de comprendre qu'il est plutôt pour la communion souvent reçue. Voici ce qu'il nous dit à ce propos :

« La première fois que je fus appelé à prêcher à Tilly, on me demanda d'encourager les retraitants à profiter de ces jours de grâce pour faire plus souvent la sainte communion. J'avoue que cet usage ne fut pas sans me surprendre, parce qu'il va contre toutes les habitudes des retraites que nous avons tous suivies dans notre jeunesse, et qui semblaient être, comme celle de la première communion, une préparation à une confession soignée et à une communion plus fervente.

« Mais, en réfléchissant, je ne trouvai aucune bonne raison pour m'opposer à cet usage : Je m'y conformai donc, et comme j'étais seul à diriger la retraite, je poussai ce mouvement qui me parut bon et heureux.

« Je fis la même chose à Hardinghen, deux ans plus tard, puis, dans quatre retraites différentes, en relevant mes observations personnelles, et les impressions des retraitants..

« Je ne prétends rien faire de nouveau, ni diriger un mouvement contre l'impulsion des supérieurs ; mais sauf avis plus précis dans le sens négatif, je me sens pour la communion plusieurs fois reçue pendant les retraites. »

En réalité, M. de Préville n'a qu'un désir, faire le plus de bien possible aux jeunes retraitants. Les dernières lignes de son précieux travail sur les retraites par groupes révèlent toujours la même préoccupation.

« Je crois aussi bien utile d'introduire, dans les exercices d'une retraite, les examens de midi, « à la Tronson » pour ouvrir et former la conscience de nos grands jeunes gens, sur leurs devoirs d'état.

« A l'heure où nous sommes, les rapports des ouvriers et des patrons sont tellement défigurés par les conversations des ateliers, qu'il importe de prémunir nos enfants contre un si grand danger. Ils sont, toute la journée, avec des hommes qui nient leurs devoirs de respect et de probité, et qui pratiquent l'exploitation du patron par l'ouvrier. Attirons leur attention sur ce point délicat.

« Chaque prédicateur de retraite, chaque directeur d'œuvres, pourrait produire quelques examens de ce genre. (1) Il en résulterait un arsenal dans lequel le directeur de retraite viendrait puiser, selon les besoins des retraitants, selon les préjugés les plus enracinés dans chaque pays.

« En terminant, je pense qu'il serait très bon d'emprunter à la Vie des saints, surtout à la vie des martyrs, de nombreux exemples ou traits édifiants.

« C'est une mine trop inexploitée. Quoi de plus beau que la générosité des quarante martyrs de Sébaste ? Quoi de plus puissant pour mettre en lumière l'importance du salut ? Les morts des saints sont belles et consolantes ! Quelle différence avec l'agonie et la mort des personnes du monde ! Tous les éléments d'une bonne retraite se rencontrent dans ces vies auxquelles on n'a pas assez recours. »

M. de Préville ne tarda pas à faire bénéficier ses propres enfants de ces trésors d'expérience et de dévouement, en ouvrant lui-même, dans son œuvre, des retraites de

---

1. Voir à la fin de ce volume quelques-uns de ces examens.

ce genre. Les premières eurent lieu à l'orphelinat Saint-Joseph d'Hardinghen ; plus tard, elles furent données dans une maison de campagne de Saint-Martin-les-Boulogne. « A la première retraite, dit-il, je n'avais que neuf enfants avec moi..... La caravane arrivée, je conduisis chacun à sa chambre ; puis à un signal donné, nous descendîmes au réfectoire, où je fis mes communications sur le règlement à observer. Lorsque sonna le couvre-feu, je fis le tour des cellules, sous prétexte de donner à chacun ma bénédiction, mais en réalité pour augmenter l'intimité et prendre dès le commencement la place de la mère absente.

« Cette visite est très utile : elle fait le plus grand plaisir aux jeunes gens qui s'ouvrent alors définitivement ; on leur laisse, en partant, un mot d'encouragement et une promesse de visite pour le lendemain..... »

Dans cette atmosphère de tendre dévouement, l'œuvre de Dieu se faisait. « La tenue des jeunes gens est excellente, disait encore M. de Préville, au sujet de cette première retraite ; ils sont très heureux et semblent parfaitement disposés. Presque tous sont bien clairement sous l'impression de la grâce du bon Dieu : Nous n'avons qu'à louer et remercier Notre-Seigneur. »

Nous avons beaucoup insisté sur l'action de M. de Préville par les retraites. Agir autrement, c'eût été laisser de côté l'un des points capitaux de sa vie sacerdotale. Pour lui, les retraites sont le plus important moyen de perfectionnement moral. Il y revient sans cesse, dans ses conversations, dans ses lettres, dans ses instructions ; son œuvre entière repose sur les retraites. Son désir est de les répandre partout, non seulement dans la ville de Boulogne, mais sur toute l'étendue du diocèse d'Arras et dans la France entière. Beaucoup de retraites d'hommes, qui se donnent chaque année à l'époque du carême dans plusieurs grandes villes, lui doivent leur origine.

Il fallait donc en parler longuement ; mais ce que nous ne dirons pas, parce que c'est le secret de Dieu, c'est le bien que produisirent, dans l'œuvre du saint prêtre, les nombreuses retraites qu'il y fit donner.

Ses successeurs se font un devoir de les continuer, et aujourd'hui comme il y a quinze ans, elles sont l'occasion des plus belles victoires et des plus héroïques résolutions.

CHAPITRE DOUZIÈME

LE dévouement que M. de Préville prodi-
guait à la jeunesse boulonnaise ne tarda pas à provoquer des imitateurs dans les
membres du clergé paroissial de la ville et
de la banlieue.

Plusieurs jeunes prêtres se mirent à l'école
de ce maître expérimenté, et bientôt, sous
son inspiration et toujours avec son aide pé-
cuniaire, largement dispensée pour l'achat
des terrains et l'édification des locaux nécessaires, d'autres patronages s'établirent près
des églises de Boulogne. Il serait assez difficile de relever la proportion dans laquelle
l'abbé de Préville secourut ces œuvres,
filles de la sienne, soit dans leur naissance,
soit dans leur développement ; il ne nous a
laissé aucun renseignement positif à ce sujet,
car selon le conseil de l'Évangile, sa main
gauche ignorait ce que faisait sa main droite ;
mais ce que nous pouvons avancer avec

assurance, le tenant des prêtres dévoués qui ont, les premiers, dirigé ces œuvres, c'est que plusieurs patronages de la ville n'existeraient pas ou, du moins, n'auraient point leurs proportions actuelles, sans le concours puissant de M. de Préville.

Il fit plus ; comme l'œuvre de Notre-Dame des Apprentis était fréquentée par des enfants de la ville entière, il dirigea vers le patronage paroissial, ceux qui n'habitaient pas le quartier de la Haute-Ville, en sorte que les différentes maisons ouvertes à la jeunesse des écoles, des ateliers et des bureaux, eurent, comme premier noyau, un essaim de patronnés du boulevard Eurvin.

L'œuvre de M. de Préville fut donc comme la maison-mère de ces œuvres diverses, qui vécurent du même esprit, en s'inspirant des traditions inaugurées par le pieux directeur. Les mêmes usages amènent les mêmes résultats : il sortit et il sort encore aujourd'hui, de cette union, une force immense dont la jeunesse de Boulogne est la première à bénéficier.

En même temps, M. de Préville travaillait à répandre dans le diocèse d'Arras l'idée des patronages à la ville et à la campagne. Il en a suscité plusieurs, par ses conseils, par ses générosités, par ses exemples. Citons seulement Béthune, Arques, Berguettes, Noyelles-Godault, Hesdin, etc.

Quand on le demandait pour prêcher dans ces œuvres de jeunesse, il se faisait une joie d'y répondre. Ainsi s'affermissait le bien qu'il avait provoqué : car ses conversations étaient de véritables prédications et de saintes excitations à la conversion des pécheurs. Et lorsqu'il lui était impossible d'accepter l'invitation qui le demandait pour un patronage, il se faisait remplacer par quelqu'un de ses confrères, expérimenté dans ces sortes d'œuvres ; le bien se généralisait ainsi par l'action immédiate ou indirecte de M. de Préville. (1)

---

1. Quelle joie n'éprouva-t-il pas lorsqu'en 1883, il fut appelé à faire des conférences dans les grands séminaires sur son sujet favori. Les séminaristes d'Arras, de Dijon, de Lyon, du Puy, de Clermont, l'entendirent successivement. « Mon Dieu, » disait M. de Préville avant l'une de ces séances « Mon Dieu, que vos desseins sont merveilleux ! Pousser vos futurs prêtres au zèle et au salut des âmes ! et c'est moi que vous choisissez pour ce beau ministère ! Si du moins, j'étais saint ; quel bien je ferais, mais, mais, mais... Pardon, mon Dieu, de toutes mes infidélités : protégez-moi, inspirez-moi ce que je devrai dire, car « *a a a, nescio loqui !* » — Utilité des Patronages ; quelles ressources sont nécessaires pour entreprendre ces œuvres, — objections principales faites contre les patronages, tel était le thème qu'il développait avec cette compétence que chacun lui recon-

Pour conserver et augmenter la bonne harmonie qui régnait entre les différentes œuvres de la ville de Boulogne, harmonie nécessaire et qui décuple les énergies, l'abbé de Préville proposa à ses confrères des patronages, une réunion qui se tiendrait deux fois chaque mois, au boulevard Eurvin, et dans laquelle en s'entretenant des œuvres, on s'encouragerait mutuellement à l'apostolat de la jeunesse.

Le projet fut accepté, et, immédiatement réalisé. M. de Préville, par sa grande expérience et sa vive piété, devint l'âme de ces séances familières, sans empêcher, pourtant, l'initiative des confrères, qu'il travaillait, au contraire, à développer de toute manière.

Dès le début, il demanda la permission de fixer, pour la réunion prochaine, un petit ordre du jour, afin que chacun pût, à ses moments perdus ou durant son exercice des quinze jours, trouver des lumières pour aider ses confrères. Le jour venu, dans une discussion cordiale, on étudiait la ques-

naissait, comme avec cette conviction qui n'était jamais absente de sa parole. « J'ai trouvé partout, dit-il, l'accueil le plus aimable, et ce sera insuffisance de notre part si nous ne profitons pas de ces avantages pour répandre nos idées à travers la France. »

tion proposée, et l'on évitait ainsi les généralités inutiles. Beaucoup de difficultés peuvent se présenter dans la direction et le gouvernement d'une œuvre de jeunesse. Comment est-il préférable d'organiser les ieux; quelle part et quelle forme doit-on donner aux punitions; quels sont les moyens à prendre pour maintenir l'ordre et l'intérêt dans les grandes promenades; quelle attitude faut-il avoir devant les enfants coupables de désobéissance grave ou de mauvais esprit; autant de problèmes délicats qu'une sage expérience et des lumières réunies contribuent puissamment à résoudre. Telles étaient, d'après les procès-verbaux que nous analysons, les questions proposées et étudiées dans la petite séance bi-mensuelle dont nous parlons. Chacun apportait le témoignage de ce qu'il faisait et de ce qu'il essayait pour conserver ses enfants dans l'amour du patronage et, finalement, dans le bien. De vrais frères se racontaient leurs joies et leurs peines, leurs espérances et leurs déceptions. M. de Préville aimait beaucoup ces réunions intimes; il y conviait volontiers ses amis de passage à Boulogne et les séminaristes en vacances, dans l'espoir de faire rayonner au loin les idées qui lui étaient si chères. En vérité, rien ne fut plus fécond pour les œuvres locales, comme d'ailleurs pour les autres œuvres connues et soutenues par l'abbé de Préville, que cet échange fraternel de vues et de pensées sur la marche des patronages. Si l'on avait gardé la forme précise des discussions ouvertes et conduites dans ces réunions qui furent tenues, pendant de longues années, à Notre-Dame des Apprentis, on aurait assurément à l'usage des œuvres de jeunesse, le manuel le plus complet qui puisse exister.

M. de Préville terminait à peine l'organisation de ces œuvres de patronage, qu'une question de première importance vint solliciter son zèle et sa charité, à savoir celle des écoles religieuses.

C'était en 1881 ; les écoles communales venaient d'être laïcisées ; (1) le clergé des différentes paroisses, aidé de catholiques dévoués, se mit immédiatement en mesure de

---

1. Les Frères de la Doctrine Chrétienne sont à Boulogne depuis 1715.

Cf. Vie de J.-B. de la Salle, par l'abbé Blin, chanoine de Noyon.

recueillir les Frères de la Doctrine chrétienne. Les quartiers plus riches purent faire face à ces nécessités scolaires ; il en fut autrement pour les paroisses moins favorisées, notamment pour Saint-Vincent de Paul et Saint-François de Sales qui se virent dans l'impossibilité de trouver les sommes réclamées pour l'établissement des écoles libres de garçons.

Emu de cette situation, l'abbé de Préville résolut de venir en aide à ces quartiers déshérités et d'y fonder des écoles avec ses seules ressources. Il trouva difficilement un local convenable à Bréquerecque, il dut le payer fort cher, y faire ensuite des travaux d'aménagement très coûteux ; mais il eut la main particulièrement heureuse dans la circonstance, car ce local, placé au centre de la paroisse Saint-François-de-Sales et près de l'église, répondit admirablement à sa destination.

A Saint-Vincent de Paul, dans le quartier de Capécure, M. de Préville dut chercher longtemps avant de trouver un immeuble disponible et dans les conditions voulues pour y installer les fils du Bienheureux de la Salle. Il finit par songer à une ancienne fabrique, qui ne servait plus à un usage industriel. Au moyen de divers arrangements, elle fut disposée pour une école, qui finit par être ouverte, après des difficultés de tout genre.

Ces acquisitions, avec les travaux qui y ont été effectués, ont coûté environ 150.000 fr. à M. l'abbé de Préville. Avant de mourir, il a voulu assurer l'avenir de ces fondations, en constituant une société civile qui a pour mission de maintenir et de développer cette œuvre si importante. Ainsi continue-t-il à veiller sur ces chers enfants pour le salut desquels les plus lourds sacrifices ne lui coûtèrent jamais. (1)

Cependant les différentes œuvres de jeunesse continuaient à être très prospères. Le nombre des enfants qui les fréquentaient régulièrement était si considérable que M. de Préville se vit sur le point de ne pouvoir plus admettre à la Retraite des jours gras les divers patronages de la ville, faute de place dans la chapelle. Cette réussite com-

---

1. Nous devons ces renseignements si précis à l'obligeante amitié de M. Delcourt, catholique dévoué aux bonnes œuvres de Boulogne et particulièrement à l'œuvre des écoles religieuses et du patronage N.-D. des Apprentis.

blait de joie les directeurs qui en rendaient grâces à Dieu.

Sans vouloir forcer les choses, nous pouvons affirmer que la réunion bi-mensuelle des prêtres des différentes œuvres servit puissamment à soutenir leur zèle et fut le ressort principal de la vitalité des patronages boulonnais.

En voyant ainsi ses confrères groupés autour de lui dans une commune pensée d'apostolat, M. de Préville conçut un projet véritablement providentiel que nous devons faire connaître à nos lecteurs. Il s'agit de « la retraite du mois » faite en commun par les membres du clergé paroissial. Partant de ce principe certain, que plus un prêtre est fervent, plus son ministère est fructueux, M. de Préville proposa à ses fidèles confrères des œuvres ouvrières, de consacrer à la récollection mensuelle, connue dans le langage de la piété sous le nom de « retraite du mois » l'une des réunions tenues entre eux à Notre-Dame des Apprentis.

« Nous aimons encore, après quinze années, dit l'un des premiers retraitants, à nous rappeler cette parole par laquelle M. de Préville nous communiquait son dessein : Nous

nous occupons, dans nos réunions périodi-
ques d'œuvres, des intérêts des jeunes gens ;
ne serait-il pas bon de consacrer une de ces
réunions à l'œuvre de notre sanctification
personnelle, par les exercices d'une retraite
mensuelle ? » (1)

Car, disait-il en une autre circonstance :
« Si nos ouailles et nos enfants ne sont pas
meilleurs, prenons-en à nous-mêmes. Si nous
étions plus saints et plus zélés, nous ferions
plus de bien autour de nous. » (2)

La proposition fut acceptée et mise immédiatement à exécution. La première retraite
du mois eut lieu le 21 juillet 1879. A cette
date, M. de Préville écrivait dans son journal : « Essai d'une retraite du mois entre
mes confrères et moi. » — Ils étaient au
nombre de huit. — « Tous se retirent char-
més et se proposent de recommencer. La
prochaine retraite est fixée au 18 août. *Lau-
detur Jesus Christus !* »

Voici le règlement tracé par M. de Préville et observé dès la première réunion :

11 heures, méditation. — 11 h. 3/4, examen particulier. — Midi, Dîner, lecture et causerie pieuses. —

---

1. *Semaine Religieuse* d'Arras, mai 1894.
2. Déposition de M. Royer, vicaire de Saint-Pierre.

2 heures, chapelet, vêpres en commun. — 3 heures, conférence. — 3 h. 3/4, préparation à la mort, salut du Très Saint Sacrement.

C'est pour obtenir cette dernière faveur que M. de Préville écrivit à Mgr l'Évêque d'Arras, la lettre suivante, datée du 28 juillet 1879 :

« Monseigneur,

« Il est venu à quelques-uns de mes confrères et à moi-même la pensée de nous réunir à Notre-Dame des Apprentis pour une retraite du mois.

« Comme ces exercices se terminent généralement par une bénédiction du Très Saint Sacrement, je viens humblement demander à Votre Grandeur, l'autorisation de cette bénédiction. Pour mettre ma conscience tout à fait en repos, je dois dire à Votre Grandeur, que le mois dernier, j'ai supposé la permission. »

La pensée première de M. de Préville était que chacun de ces messieurs des œuvres donnerait, à tour de rôle, aux confrères réunis, quelque instruction simple et encourageante ; mais, réflexion faite, il trouva qu'il était mieux de confier cette charge délicate

à un membre du clergé régulier. Le Révérend Père Baudot, religieux de la Compagnie de Jésus et directeur spirituel de M. de
Préville, voulut bien accepter cette mission.
Les prêtres nombreux qui durant de longues
années, depuis cette époque, ont vu à l'œuvre ce docte et saint religieux, et ont béné-
ficié des trésors de sa science et de ses vertus, doivent reconnaître combien le choix de
M. de Préville avait été heureux. Car l'initiative prise par le saint prêtre du boulevard Eurvin ne tarda pas à être connue
hors de Boulogne, pour être imitée et
suivie.

Dans une retraite pastorale, l'Evêque diocésain entretint ses prêtres de cette pieuse
résolution, les exhorta fortement à organiser
entre eux des réunions semblables, et nomma
le Révérend Père Baudot directeur des
retraites du mois, pour le diocèse d'Arras.
Ce fut un encouragement précieux dont les
fruits se firent bientôt sentir. En peu de
temps, trois nouveaux centres de retraite
furent créés : à Calais, à Norrent-Fontes et
à Fruges. Afin de développer ces premières
semences, le zélé directeur des retraites
adressa à ses confrères dans le sacerdoce,

un pressant appel que nous ne pouvons résister au désir de le citer assez largement :

« *Sursum corda...*

« Permettez-moi de vous faire part d'une bonne et pieuse pensée.

« L'accueil qui déjà lui a été fait par un bon nombre de prêtres et la facilité avec laquelle elle commence à se réaliser en plusieurs endroits m'engagent à vous la communiquer.

« En ces jours mauvais qui commencent, nous avons tous senti le besoin de nous renouveler ; une lutte s'ouvre où il nous faudra beaucoup de courage.

« Or, Messieurs, l'union fait la force, — surtout la force sacerdotale. — L'isolement en a tant découragés !

« Quelques-uns de vos pieux confrères, préoccupés de cet état de choses, ont pensé qu'en se réunissant une fois par mois, ils trouveraient dans les exercices communs d'une retraite de quelques heures, cette force renouvelée que Dieu nous demande et que les âmes attendent.

« Ils ne se sont point trompés.

« Le Père de Ravignan disait : Malgré les obstacles, les dégoûts, les impossibilités... lorsque vous aurez fidèlement cherché, une fois par mois, quelques heures pour méditer, croyez que la lumière du Ciel et la grâce du Sauveur ne vous manqueront plus.

« Oui, Messieurs, dans un pays catholique comme le nôtre, lorsqu'il sera vrai que chaque mois, un grand nombre de prêtres s'unissent pour prier et se sanctifier ensemble, ce jour-là Dieu aura pitié des âmes qui nous sont confiées. Mais pourquoi ce moyen ne se généraliserait-il pas ? Nous nous le sommes demandé, et c'est l'objet de cet appel.

« Le développement de cette Œuvre, entièrement laissé à votre libre initiative, ne demande que l'existence d'un certain nombre de groupes, ou centres de réunion, dont les rapports d'intimité personnelle ou de voisinage faciliteront toujours la première formation. Nul doute qu'une entente cordiale et toute spontanée ne soit possible...

« Quant aux avantages de la Retraite mensuelle, il serait bien long de les énumérer, et je me garderai de le faire. Cependant en me souvenant de cette force d'association qui est le besoin le plus pressant du clergé dispersé, en me rappelant les encouragements de chaque instruction, — cette occasion offerte à chacun de mettre ordre à sa conscience par une confession extraordinaire, — ce gage assuré de persévérance dans les résolutions de la Retraite annuelle, — cette union des âmes et des prières, — cet excellent exemple d'une réunion ecclésiastique dont le seul but est la piété, etc., etc., en me rappelant tous ces avantages, si je ne me permets pas d'y insister, du moins je ne puis m'empêcher de croire que cette pensée était déjà dans les vœux de beaucoup et qu'elle se réalisera largement pour notre sanctification à tous.

« Nous nous offrons bien volontiers à seconder de nos efforts, de nos renseignements et de toute notre bonne volonté les projets qu'aurait pu vous inspirer le présent appel. Nous serions particulièrement heureux d'apprendre et d'enregistrer chaque formation d'un nouveau centre de Retraite. Puisque c'est une œuvre d'union sacerdotale, n'isolons pas nos efforts, concentrons-les vaillamment, qu'ils nous soient connus les uns des autres ; plus nous nous saurons nombreux, plus nous nous sentirons forts !

« P. BAUDOT, S. J. »

Depuis ce temps, Dieu a si sensiblement béni cette œuvre des Retraites mensuelles que le seul diocèse où elle a pris naissance compte environ trente centres de réunion. Elle s'y développe tous les jours encore pour le plus grand bien du clergé et pour la plus grande édification des fidèles, sous les paternels auspices de Monseigneur l'Evêque.

Mais ce qu'il importe de faire ressortir ici, c'est que cette œuvre des Retraites du mois doit son origine à M. l'abbé de Préville. « Le diocèse d'Arras, disait à la veille de sa mort *la Semaine Religieuse*, déjà citée, lui doit l'institution des Retraites du mois pour les ecclésiastiques. C'est dans cette pieuse maison de Notre-Dame des Apprentis qu'a eu lieu la première de ces réunions, à la demande de M. de Préville, et avec le concours du R. P. Baudot, de la Compagnie de Jésus...

« Nous ne savons ce que le Maître de la vie et de la mort a décidé par rapport à son vaillant apôtre. Les desseins de Dieu sont impénétrables. Nous aimons à espérer que les prières de tant d'amis et de toute une fervente congrégation religieuse obtiendront une guérison qui paraît si nécessaire à la cause du bien. Toutefois, nous pourrons dire que, s'il plaît à Dieu de couronner avant le temps son zélé serviteur, parmi tant de bonnes œuvres qui accompagneront **M.** l'abbé de Préville au tribunal suprême, la fondation des retraites mensuelles ecclésiastiques pour notre diocèse sera une des plus méritoires devant le Souverain Juge. »

Nous retrouvons la même assertion sous la plume compétente du R. P. Baudot, dans une lettre écrite le 15 février 1895 à l'un des successeurs de M. de Préville :

« C'est bien chez vous que l'œuvre de la Retraite mensuelle a pris naissance. Elle est née de la conférence que M. de Préville avait établie chez lui pour traiter les questions des patronages ouvriers, et à laquelle prenaient part cinq ou six vicaires de Boulogne.

« C'était en 1879. Ces messieurs étaient de ceux qui comprennent que le zèle prend sa source dans la ferveur. Afin d'être plus zélés, ils voulurent être plus fervents. Ils me consultèrent, et après avoir bien réfléchi, bien prié tous ensemble, je leur conseillai de consacrer chaque mois une de leurs conférences à une réunion de retraite mensuelle, que nous passerions ensemble et dont nous tracerions ensemble le règlement.

« Ce qui fut dit fut fait. Et je ne puis vous dire combien nos premières réunions furent délicieuses d'intimité. Je ne soupçonnais pas qu'il y avait là un grain de sénevé qui pourrait se développer. M. de Préville invita successivement deux de ses anciens condisciples de Saint-Sulpice, l'un directeur d'orphelinat, et l'autre curé, tous deux du diocèse d'Arras. Et c'est dans des échanges de vues avec ces deux messieurs que l'idée me vint qu'on pourrait porter la retraite dans les paroisses et presbytères. Nous eûmes grande joie, M. de Préville et moi, de cette révélation.

« Je me mis aussitôt en rapports avec Mgr Lequette et la propagande se fit sous son haut patronage.

« Avec la bénédiction du Cardinal Régnier et de Mgr Duquesnay, je fis aussi beaucoup de propagande, dans le diocèse de Cambrai, par lettres et par démarches, soit auprès des membres du clergé, soit auprès de nos Pères.

« Cette première initiative a amplement réussi, et ce fut ce qui m'encouragea à une nouvelle propagande en beaucoup d'autres diocèses, au moins auprès de Nosseigneurs les Evêques. Beaucoup d'essais ont été tentés et se soutiennent... Mais quoi que ce soit qu'il arrive et quelque bien que fasse cette bonne œuvre des Retraites mensuelles sacerdotales en commun, si l'on veut remonter à la source, au berceau, c'est à Notre-Dame des Apprentis de Boulogne qu'il faudra revenir.

« Entre tous les mérites acquis devant Dieu par votre cher Père de Préville, entre toutes ses bonnes œuvres, celle-ci ne sera pas la moindre. Je le bénis pour le bien qu'il m'a donné de faire à quelques-uns de mes frères dans le sacerdoce. »

Par une adorable attention de la Providence, M. de Préville recevra les derniers sacrements en un jour de retraite sacerdotale mensuelle, dans cette même maison de Notre-Dame des Apprentis où quinze ans auparavant, il avait jeté les bases de cette œuvre éminemment féconde, qui est une de ses plus belles gloires, entouré des prêtres de Boulogne et des paroisses environnantes, et dont quelques-uns avaient été ses compagnons de la première heure.

Le R. P. Leclerc, Supérieur Général des Frères de Saint Vincent de Paul, qui donna les derniers secours religieux au vénéré ma-

lade, fit ressortir avec émotion cette remar-
quable coïncidence, et M. de Préville lui-même
retrouva assez d'énergie pour prêcher encore
en faveur de son œuvre favorite, exprimant
le vœu que les prêtres des différents centres
de retraite mensuelle formassent entre eux
une association de prières pour se soutenir
dans les combats du saint ministère et à
l'heure de la suprême séparation. (1)

---

1. Au mois de février 1887, des retraites mensuelles, tout à fait
semblables à celles du diocèse d'Arras, furent fondées à Tilly, pour
le diocèse de Versailles. Elles fonctionnent depuis cette époque,
avec le plus grand succès. Organisées par M. de Préville, avec le
concours d'un vénérable laïque, de qui nous tenons ces détails, ces
retraites sacerdotales sont encore l'une des belles œuvres créées par
celui dont nous racontons la vie.

CHAPITRE TREIZIÈME

M. DE PRÉVILLE ENTRE CHEZ LES FRÈRES
DE SAINT VINCENT DE PAUL
QUELQUES MOTS SUR CETTE CONGRÉGATION
NOVICIAT DE M. DE PRÉVILLE
RETOUR A BOULOGNE : ADORATION NOCTURNE
M. DE PRÉVILLE MAITRE DES NOVICES
ASSISTANT DU SUPÉRIEUR GÉNÉRAL ET VISITEUR
DES MAISONS DE LA CONGRÉGATION

L'ŒUVRE de Notre-Dame des Apprentis, on vient de le voir, n'était donc pas seulement un lieu de préservation et de sanctification pour l'enfance et la jeunesse ouvrière, mais un ardent foyer d'où sortait je ne sais quelle atmosphère de zèle qui poussait les âmes sacerdotales aux généreux sacrifices.

Chose singulière au premier regard, mais bien explicable en réalité, M. de Préville fut effrayé par la prospérité même de ses entreprises. Car n'est-ce point le danger des œuvres les plus florissantes d'être subordonnées à la santé et à l'existence de leur fondateur? Or, ce vrai prêtre n'ayant jamais travaillé pour lui-même, mais uniquement pour la gloire de Dieu et l'avantage des âmes, était vivement préoccupé de continuer, après sa mort, son apostolat auprès des classes populaires. C'est à partir de l'année 1878 que nous constatons dans sa correspondance une préoccupation de ce genre.

En 1875, un rhumatisme articulaire qui se porta au cœur avait mis sa vie en danger ; M. de Préville avait été de longs mois avant de se rétablir, quoique entouré des soins maternels les plus délicats ; c'était une réponse de mort qui le rendait inquiet pour l'avenir de son œuvre tant aimée.

Seule, une communauté religieuse pouvait recueillir et assurer pareille succession. Quand l'abbé de Préville s'ouvrit à sa famille du projet qu'il formait d'entrer en religion, il rencontra bien quelque résistance, comme il s'y attendait, mais il parla avec tant de force en faveur de la survivance de ses œuvres, appelées fatalement à disparaître après lui, sans cette nécessaire détermination, qu'il fallut bien se ranger à son avis. Et pour mettre sa vénérable mère en rapport avec la Congrégation des Frères de Saint Vincent de Paul, sur laquelle il avait jeté les yeux, M. de Préville pria le R. P. Lantiez, Supérieur général, de venir prêcher à l'église du Mont Lambert, située près du château familial, les exercices du Jubilé, en 1878.

La mission fut bénie de Dieu ; pendant les huit jours qu'elle se prolongea, le directeur de Notre-Dame des Apprentis vint plusieurs fois dans sa famille, se plaisant à faire connaître à Mme de Préville son futur supérieur et le Père de la communauté religieuse qu'il avait choisie.

Cependant trois ans s'écoulèrent encore, durant lesquels l'abbé de Préville mûrit son projet, (1) sous le regard de Notre-Seigneur ; puis, quittant tout en ce monde, son beau patronage, ses œuvres, sa mère, sa famille,

---

1. Pendant longtemps il y eut dans l'esprit de M. de Préville une sérieuse hésitation. Il était parfaitement au courant des vicissitudes par lesquelles passe une congrégation naissante ; à cause de cela, il se faisait à lui-même de fortes objections à propos de son entrée dans l'Institut de M. Le Prévost. Pour le décider, Dieu se servit d'une circonstance particulièrement touchante que nous voulons indiquer discrètement.

M. de Préville était lié d'amitié avec un séminariste qu'il aurait voulu s'associer, une fois le sacerdoce reçu, comme auxiliaire pour son œuvre. Or, un jour, celui-ci déclara à M. de Préville son intention d'entrer chez les Frères de Saint Vincent de Paul. Le directeur de Notre-Dame des Apprentis ne prit pas au sérieux cette détermination et dit à M. P... « Si vous restez dans cette congrégation, j'y entre moi aussi. » Le jeune novice releva ce défi en persévérant dans sa vie religieuse et en y appelant du même coup son saint ami. C'est de cet excellent prêtre lui-même que nous tenons cette intéressante communication. « J'espère bien, nous disait-il en finissant, que M. de Préville exercera envers moi la douce vengeance de me conduire au ciel, puisque j'ai contribué, avec la grâce de Dieu, à son sacrifice et aux labeurs apostoliques qui ont augmenté ses mérites. »

sa fortune, il s'en alla s'enfermer dans une cellule de novice, désireux seulement d'être le dernier des Frères de Saint Vincent de Paul. C'était au mois de septembre 1881.

Aucune congrégation religieuse ne lui paraissait capable de continuer ses œuvres, comme cette nouvelle famille à laquelle il se consacrait. Fondée il y a cinquante ans par M. Le Prévost, la congrégation des Frères de Saint Vincent de Paul a, en effet, pour but de travailler, selon l'esprit de l'Evangile, à l'amélioration et au salut des pauvres et des ouvriers. Elle s'occupe d'orphelinats qui arrachent aux misères du corps et du cœur les enfants délaissés ; de patronages qui donnent les idées surnaturelles aux fils du peuple, en même temps qu'ils surveillent leur éducation professionnelle ; par la visite des pauvres, elle va soulager à domicile la maladie et, souvent, dissiper le désespoir ; elle ouvre des abris aux jeunes soldats qui veulent rester chrétiens, au milieu des dangers multiples de la caserne ; enfin, par ses œuvres de la Sainte Famille, elle atteint les parents et les patrons, après avoir gagné les enfants et les apprentis.

Le caractère original de cette congrégation est d'avoir à la fois des membres ecclésias-

tiques et des laïques. « Les sociétés purement
et uniquement ecclésiastiques, écrivait M. Le
Prévost, sont nombreuses et florissantes ; une
de plus, venant après les autres, n'apporterait
guère d'aide nouvelle dans le monde charitable. Mais une communauté mixte, dont les
membres laïques assistent le ministère sacerdotal, et peuvent, sous l'habit séculier, se
porter partout à la recherche des âmes pour
protéger, instruire et consoler la classe ouvrière, une telle communauté disons-nous, a
une véritable opportunité et peut rendre de
grands services à l'Eglise. Tel a été l'avis
unanime de Nosseigneurs les Archevêques et
Evêques qui ont daigné jusqu'ici nous accorder leur appui.

« En attribuant aux prêtres le rang de
Pères spirituels, en leur réservant l'enseigne-
ment de la doctrine, la conduite spirituelle
des œuvres, et, en définitive, celle de toute
la congrégation, puisqu'ils en sont les con-
fesseurs ordinaires, on a donné une place
suffisante à leur zèle, comme une garantie
due à leur caractère et à leurs fonctions
saintes. Les Frères laïques, de leur côté, ont
assez d'initiative et de libre action, soit dans
les œuvres, soit dans le sein même de la

communauté, pour que des sujets valables
et bien inspirés y trouvent une voie ouverte
pour leurs facultés et leur dévouement. » (1)

La congrégation des Frères de Saint Vincent de Paul s'est développée lentement,
comme toutes les œuvres de Dieu ; pendant
plus de trente ans, elle a vécu dans la plus
grande humilité, et dans une extrême pauvreté ; mais depuis une vingtaine d'années,
ses œuvres se sont accrues, ses fils se sont
multipliés, et la « petite communauté » de
M. Le Prévost, toujours fidèle, malgré sa
prospérité, à ses traditions d'humilité et de
pauvreté, travaille aujourd'hui au salut de la
classe ouvrière, dans la France entière et jusqu'en Amérique. Le 5 mai 1893, Léon XIII,
le Pape des ouvriers, la bénissait dans la
personne de son vénéré Supérieur général
en lui disant : « Mais votre Institut est providentiel ; vous faites ce que je demande ; je
répète le mot : c'est providentiel. Vous
accomplissez ce que je recommande dans mes

---

1. Voir la belle *Vie de M. Le Prévost* écrite par un Frère de
Saint Vincent de Paul, librairie Poussielgue, 15, rue Cassette,
1890 — et aussi l'intéressant volume intitulé : *M. Le Prévost et
les Frères de Saint Vincent de Paul* par le Comte Edouard Le
Camus, Société de Saint-Augustin, 1895.

encycliques ; c’est ce que je veux ; je suis heureux, votre Institut répond à mes désirs. »

Il répond aussi aux besoins de la société d’aujourd’hui, car les Frères de Saint Vincent de Paul sont réclamés de tous les côtés où l’industrie moderne groupe les classes populaires. Mais, bien que les bénédictions de Dieu reposent sur elle, la congrégation fondée par M. Le Prévost ne peut point satisfaire aux nombreux appels qui lui sont adressés ; elle le pourra seulement le jour où le Maître de la moisson lui enverra des ouvriers évangéliques, en proportion même de la moisson à recueillir.

Telle était la congrégation choisie par M. de Préville. En y entrant, il ne se contenta pas de voir en elle une continuatrice de ses œuvres, mais s’appliqua, avec sa virile énergie et sa profonde piété, à en prendre le véritable esprit. Son noviciat dura seulement six mois, au bout desquels, sur l’ordre de ses supérieurs, il vint retrouver, à Boulogne, son patronage et ses œuvres (Mars 1882).

Ce fut à son retour que M. de Préville travailla à organiser, dans sa maison, l’adoration nocturne pour laquelle l'on avait déjà réclamé son concours avant son entrée dans la congrégation des Frères de Saint Vincent de Paul. Lui-même désirait vivement l'établissement de cette œuvre réparatrice : tout ce qu'il avait vu et lu, relativement à la bienfaisante action du « saint homme de Tours », M. Dupont, l'avait fortement impressionné et lui inspirait la pensée de suivre son exemple. (1) M. de Préville fut aidé dans la réalisation de ce projet, par plusieurs bons catholiques de la ville, qui se mirent en quête de matelas et de couvertures, et qui constituèrent la première Garde d'honneur.

La première adoration eut lieu le 10 mars 1883. A la fin de cette sainte nuit de prières et de réparation, il fut décidé qu'on se réunirait chaque mois, à Notre-Dame des Apprentis et que les adorations seraient prises à tour de rôle par les Messieurs de la ville et par les jeunes gens des patronages. Une allocution de M. de Préville ouvrait les exercices et la sainte Communion les terminait.

Les enfants de Notre-Dame des Apprentis

---

1. Voir la *Vie de M. Dupont*, par M. le chanoine Janvier.

ne conservèrent point de longues années leur Père bien-aimé. M. de Préville avait à peine repris ses habitudes de Boulogne, qu'il fut appelé par la confiance du R. P. Supérieur à la charge délicate de maître des novices. C'était en septembre 1884.

Dès lors, M. de Préville n'a plus qu'un désir : être saint pour sanctifier ses frères. « O admirable Providence de Dieu ! ne permettez pas que dans cette retraite voulue et préparée par vous de si longtemps, quelque chose manque par ma faute... Donnez-moi, ô Sauveur Jésus, donnez-moi de devenir un saint, et un saint maître des novices. Il faut que j'arrache cette grâce à votre cœur tout miséricordieux et tout désireux du salut des ouvriers ! » (1)

Un autre jour, M. de Préville disait encore : « Je demande à Notre-Seigneur de faire de moi un saint, et un vrai maître des novices, selon son cœur. S'il veut me confier la direction de la retraite de V..., il faut bien qu'il me sanctifie d'ici-là, afin que je ne sois pas, pour mes frères, une cause d'éloignement de son saint amour. » (2)

____

1. Retraite de 30 jours.
2. Retraite de 30 jours.

« Pourquoi, dit-il encore sous l'inspiration de la même humilité, pourquoi pendant ces deux années, le noviciat ne donne-t-il pas plus de fruits, sinon parce que je ne suis pas docile à me sanctifier comme le voudrait Notre-Seigneur ? » (1)

L'un des premiers novices de M. de Préville parle ainsi de ce saint maître :

« Pendant mon noviciat, je fus frappé de sa mortification extraordinaire. La vie si austère des novices était la sienne. Au dortoir, il avait le même lit, le même pauvre mobilier que nous. Notre règle était sa règle. Comme nous, chaque matin, il faisait son lit, cirait ses chaussures, balayait sa cellule, et aux jours fixés, se donnait la discipline.

« Quelquefois, quand il était appelé inopinément, un novice voulait lui rendre ces petits services, il le défendait. Nulle cellule n'était mieux tenue que la sienne. Plus d'une fois, je le vis se joindre à nous pour laver la vaisselle ou remplir ces offices mortifiants qui sont l'épreuve des novices.

« Et il faisait tout, avec une telle simplicité, avec une aisance telle, qu'on l'eût pris

____

1. Retraite de 30 jours.

pour le dernier des novices et qu’on eût pu penser qu’il avait été préparé d’enfance à ces humbles fonctions. »

Cependant, si M. de Préville s’appuyait sur Dieu, qui est vraiment le premier maître des âmes apostoliques, il n’en mettait pas moins, au service de ses novices, ses grandes ressources d’esprit et de cœur. Tout entier à sa charge, « il était toujours prêt à recevoir chacun, à l’écouter, autant qu’il le voulait. On usait et on abusait de lui ; sa patience était parfaite. »

Ce que voulait M. de Préville, c’était connaître à fond ceux dont il avait la charge. Aussi leur donnait-il toutes les facilités de se montrer tels qu’ils étaient.

« J’ai remarqué chez M. de Préville, dit encore l’éminent religieux, cité plus haut, un esprit très large dans la formation qu’il donnait aux novices. Il ne cherchait pas à faire passer tous les caractères par le même moule. Il étudiait les dons naturels et sur—naturels de chacun, les adaptait aux Consti-tutions et à l’esprit particulier de notre famille religieuse, mais sans étouffer l’initia-tive et les dispositions personnelles.

« Un novice avait-il été à même de voir

et d'étudier une œuvre quelconque, M. de Préville lui demandait d'écrire ses réflexions, de les lire, de les développer, devant tous les autres novices : c'est alors que lui-même intervenait pour rectifier, s'il en était besoin. »

Seulement, ce n'était pas dans ses propres lumières que M. de Préville cherchait ces solutions, mais dans le livre divin. On peut dire que l'Evangile était son premier moyen de formation. Ce que Notre-Seigneur a fait vis-à-vis de ses Apôtres, dans les différentes circonstances de sa vie publique, notre saint maître des novices le méditait longuement, s'en inspirait dans sa direction, et en tirait les leçons les plus utiles pour les futurs apôtres dont il était lui-même chargé. Il était impossible de vivre quelque temps avec M. de Préville, sans voir clairement qu'il abritait toute sa méthode derrière les enseignements du divin Maître. Et comme Lui, il gagnait les âmes sans les briser, mais il les gagnait au point qu'elles ne pouvaient plus résister à son action et qu'elles s'ouvraient à lui, dans ce qu'elles avaient de plus secret.

En 1889, M. de Préville fut nommé premier assistant du Supérieur général et Visi-

teur des différentes maisons de la Congrégation. Il apporta dans cette charge délicate
et importante la même activité que dans la
direction du noviciat. « Qu'il se soit épuisé
par un travail excessif, nous écrit son successeur, c'est ma pensée. Ses visites cano-
niques étaient autant de coups de feu. Etude
complète des œuvres visitées, étude appro-
fondie de chaque membre de la communauté,
recherche acharnée des améliorations à apporter, tout cela prenait ses jours et presque
ses nuits. Et pour assurer ensuite le fruit de
son passage, rien ne lui coûtait, ni les démarches, ni les correspondances, ni les directions longues et détaillées. »

Mais cette activité, avec quelle sagesse,
avec quel tact, elle se dépensait ! M. de
Préville savait relever les courages défaillants,
régler les élans du zèle apostolique, faire
respecter l'autorité dont il était le représen-
tant, maintenir l'esprit de la congrégation.
Partout, l'on désirait sa visite qui était toujours bienfaisante. Si parfois, les solutions
qu'il donnait n'apportaient pas un vrai remède,
il savait si bien prêcher la patience et la
confiance en Dieu ; il recommandait si fortement la prière, que les œuvres les plus éprou-

vées acceptaient leurs tribulations avec un vif esprit de foi et une sainte générosité.

Ainsi, l'influence de M. de Préville, autrefois restreinte dans les limites du noviciat, s'étendait à toutes les maisons de l'Institut. Aujourd'hui encore, grâce aux notes innombrables qu'il a laissées sur tous les détails de sa charge, ce bien se continue pour le plus grand avantage de cette congrégation à laquelle il s'était donné tout entier.

Mais, comme dans l'intérieur du noviciat, M. de Préville sut éviter l'écueil auquel ne prennent pas toujours garde les fondateurs d'œuvres : c'est celui de croire que leur système est, d'une façon absolue, le meilleur de tous les systèmes. Ils ne tiennent parfois compte que des résultats qu'ils ont obtenus, sans remarquer que d'autres hommes ont obtenu, eux aussi, d'excellents résultats, par des moyens différents.

M. de Préville savait bien que, suivant les localités, il faut tenir compte des mœurs, des usages, des tempéraments. Aussi agissait-il plus par voie de persuasion que par voie d'autorité. Les cœurs étaient vite gagnés par cette suave manière de procéder.

Ce fut, nous le verrons bientôt, dans

l'exercice même de ses fonctions d'Assistant, que le mal auquel M. de Préville devait succomber, prit un caractère particulièrement alarmant. Mais avant de raconter les derniers jours de cet homme de Dieu, revenons, pour un instant, à son œuvre préférée, c'est-à-dire au patronage Notre-Dame des Apprentis.

CHAPITRE QUATORZIÈME

1884-1894
LE PATRONAGE DE NOTRE-DAME DES APPRENTIS
DEPUIS LE DÉPART DÉFINITIF
DE M. DE PRÉVILLE — LES PETITS NOVICES
INTÉRÊT DE M. DE PRÉVILLE
POUR SON ŒUVRE DE PRÉDILECTION
L'ŒUVRE DES PAUVRES
TROIS RÉSULTATS DU PATRONAGE :
LES VOCATIONS, L'ENTRÉE DANS LES BUREAUX
ET ATELIERS, LES FAMILLES CHRÉTIENNES
JETÉES DANS LES DIFFÉRENTES PAROISSES

En quittant, par obéissance, son œuvre de prédilection, M. de Préville put, du moins, emporter l'assurance qu'elle continuerait à prospérer et à faire du bien. C'était l'un des buts qu'il avait poursuivis en entrant dans une congrégation religieuse. Son successeur se fit, en effet, un devoir de conserver avec un soin jaloux les traditions du saint fondateur.

A partir du jour où M. de Préville appartint à la famille de M. Le Prévost, les supérieurs de l'Institut firent de la maison du boulevard Eurvin, une sorte de petit noviciat où ils envoyaient plusieurs jeunes gens se former à l'esprit de la Congrégation et à la pratique des œuvres ouvrières.

En même temps qu'ils poursuivaient leurs études, au collège des Pères Jésuites, ces futurs Frères de Saint Vincent de Paul passaient leurs jours de congé dans les différents patronages de Boulogne. Ils étaient six ou sept, et avaient, chacun, leur œuvre particulière. Leur concours était des plus précieux pour les prêtres des paroisses ; car ceux qui sont du métier savent combien il est pénible, à certaines heures, d'unir le ministère ordinaire à la charge d'une œuvre de jeunesse. Les petits novices recevaient donc le meilleur accueil dans les patronages ; les enfants eux-mêmes s'attachaient à eux, et plus d'un se maintint dans la vertu par suite de leur heureuse influence.

Est-il besoin de faire remarquer qu'en devenant maître des novices ou bien Assistant de la congrégation, M. de Préville avait laissé une partie de son cœur à Notre-Dame des Apprentis ? Pour quiconque voudrait en douter, il nous suffira d'ouvrir sa volumineuse correspondance et d'en détacher quelques extraits au hasard. Voici une lettre écrite en réponse à des souhaits de fête pour la Saint-Raoul :

« Mes chers enfants, ne voyant pas venir

ma réponse, quelques mauvaises langues ont peut-être déjà dit : « Tu vois bien, il ne « pense plus à nous ; il nous a déjà oubliés. » Heureusement j'entends le plus grand nombre protester de la fidélité de mes sentiments et de mon affection profonde pour chacun de vous. J'ai eu bien de la joie à lire tous vos noms, les uns après les autres. Je les ai fait lire à M. T... (1) qui s'est réjoui avec moi de vous savoir si fidèles. Merci donc, mes chers enfants, de vos bons et aimables souhaits.

« Vous savez que, de mon côté, je prie bien pour votre persévérance. Votre exemple a produit à Boulogne, les plus merveilleux résultats ; il a fait créer quatre ou cinq patronages qui marchent sur vos traces, qui seront fervents et édifiants, tant que vous le serez vous-mêmes, qui seraient tièdes et sans vigueur, si vous abandonniez les bonnes traditions de Notre-Dame des Apprentis.

« Parmi ces traditions, vous le savez, il en est une qui m'est particulièrement chère, parce qu'elle se rattache au premier acte de

---

1. Un ancien novice qui a exercé au patronage des Apprentis, et où il a laissé le meilleur souvenir.

courage public que vos aînés ont fait devant toute la ville ; je veux parler de la procession. C'est là que vous êtes vraiment les amis du bon Dieu, quand devant une foule de jeunes gens impies et libertins, vous vous affichez comme de dévots et de vrais enfants de Marie, chantant et récitant le chapelet. J'étais fier d'être derrière vous !

« Quelque chose me consolera de mon départ, ce sera de penser que cette habitude, comme toutes les autres, vous l'avez gardée. Courage, je compte sur vous. Comme un colonel à la tête d'un régiment connu et aimé, j'étais certain de la victoire, et je suis convaincu que déjà mon successeur se réjouit à la pensée de vous conduire ainsi à la bataille. N'oublions pas que ce fut la raison d'être de notre bannière : ce ne sera pas aujourd'hui que cette bonne habitude cessera. J'attends le bulletin de victoire contre le respect humain, le soir même de la procession.

« Je vous bénis, vous remercie de nouveau et vous embrasse comme je vous aime

« Votre Père dévoué

« R. DE PRÉVILLE, *prêtre.* »

5 Mai 1885.

Mais si la bonne marche de son œuvre et les nouvelles qu'on lui en donne, le réjouissent, M. de Préville n'entend pas qu'on fasse rejaillir sur sa personne les succès du patronage. « Merci, mon cher Frère, (c'est à son successeur qu'il écrit) de l'aimable petit mot que vous m'avez de suite envoyé, pour me donner des nouvelles de la retraite des jours gras ; je bénis avec vous Notre-Seigneur de ce nouveau succès qui confirme tous les autres et qui prouve bien que, dans tout cela, rien n'était personnel, mais seulement le couronnement d'une méthode en tout conforme à l'esprit de l'Evangile... »

A l'époque même où M. de Préville écrivait ces mots, sa pensée se reportait sur les anciens du patronage et méditait le projet de leur faire donner une retraite pour la fête de Pâques. « Je suis convaincu, disait-il toujours à son dévoué continuateur, que vous allez prendre goût à tout ce mouvement et que vous mettrez en train ma retraite d'anciens pour la semaine qui suivra le temps pascal, afin de réparer, autant que possible, l'omission du devoir de la communion annuelle. Inquiétez-vous auprès de vos fidèles de ceux que l'on pourrait utilement inviter. Seulement soyez plus confiant qu'eux-mêmes : ils ne vous donneront guère d'espoir et moi j'en ai beaucoup.

Je crois qu'il faudra multiplier les invitations : peu importe qu'il y en ait quelques-unes d'inutiles ; l'essentiel est que nous ramenions quelque égaré. Si je pouvais, j'irais bien volontiers prêcher ces vieux enfants de ma tendresse. Prions et Notre-Seigneur bénira nos efforts... » (1)

Avec quelle fidélité et quelle joie ces « vieux enfants de sa tendresse » répondirent à l'appel de M. de Préville ! Quelques-uns même revinrent de très loin, comme le prodigue, se jeter sur le cœur d'un père, heureux de leur rendre la robe de leur première innocence et l'anneau d'une amitié que rien n'avait pu briser.(2)

M. de Préville n'éprouva pas une moins agréable émotion lorsqu'il eut connaissance de l'œuvre des pauvres que son successeur organisa en 1886 à Notre-Dame des Apprentis. Disons, en effet, pour ceux qui pourraient l'ignorer, que depuis cette époque, un grand nombre de pauvres, venant de tous

---

1. Lettre 21 février 1885.

2. Nous apprenons que M. le Supérieur de N.-D. des Apprentis organise une « Réunion d'Anciens » qui fait espérer les résultats les plus consolants.

les coins de Boulogne, se réunissent au patronage du boulevard Eurvin, deux fois par
semaine ; le vendredi, c'est le jour des
femmes ; le dimanche est réservé aux hommes.
On distribue, aux uns et aux autres, une
large aumône, qu'on ne donne pas sans l'accompagner d'une aumône spirituelle. L'œuvre
fonctionne de la manière suivante : Le vendredi, à l'heure convenue, les femmes sont
groupées dans la chapelle ; on ouvre la
séance par une prière faite à haute voix et
par quelques couplets d'un cantique popu-
laire, puis le supérieur de la maison adresse
à son auditoire une petite instruction familière qui est écoutée avec avidité. La portion
de pain est donnée à l'issue de cet exercice.

Pour les hommes, l'organisation est meilleure encore. On les réunit dans la matinée
du dimanche, vers dix heures, après la messe
de l'œuvre ; pendant le saint sacrifice qui est
célébré pour eux, on leur adresse quelques
mots d'édification et l'on récite avec eux le
chapelet entremêlé de cantiques. C'est un
spectacle touchant ; ensuite les pauvres s'en
vont avec leur beau morceau de pain blanc.

A l'époque des Pâques, une retraite préparatoire à la communion leur est prêchée.

Pendant les trois jours de retraite, au morceau de pain réglementaire, on ajoute une bonne soupe, épaisse et chaude, qui est quelquefois servie par l'élite des jeunes gens de la ville. La communion générale termine ces jours de bénédiction et il n'est pas rare de voir une centaine de ces braves gens s'asseoir à la Table sainte et puiser au Tabernacle la force dans l'épreuve avec la résignation dans le besoin. Ecoutons M. de Préville, remercier Dieu d'avoir choisi sa maison et sa congrégation pour un tel ministère :

« Mon bien cher Frère, il me semble que cette affluence de pauvres ne peut que vous flatter. C'est ce qui va vous poser, dans Boulogne, comme un vrai fils de saint Vincent de Paul. Mais, de grâce, gardez-vous bien de les renvoyer sans leur donner quelque chose ; rappelez-vous la parole de Notre-Seigneur : *Misereor super turbam....* le Père Supérieur à qui j'ai lu votre lettre dit que vous devez vous estimer bien heureux d'avoir cette belle part du troupeau à évangéliser. » (1)

---

1. Lettre à M. Le G..., 11 février 1886.

La retraite des pauvres, surtout, le comblait de joie.

« Merci, mon cher Frère, de tous les détails pleins d'intérêt que vous nous adressez sur votre retraite des pauvres et sur les résultats si consolants que vous obtenez.

« Comme ces retraites font aimer les pauvres ; on ne les connaît pas ces pauvres gens, ils sont au moins aussi aimables que nous. Je comprends maintenant l'enthousiasme de saint Vincent de Paul pour les missions des pauvres. En réalité, elles ne sont pas difficiles, mais on les craint, comme on craint d'entreprendre tout ce qui doit produire un bien sérieux. La raison en est facile à comprendre ; le démon a intérêt à nous éloigner de ces entreprises qui peuvent lui arracher des âmes, et il nous en exagère les difficultés et les complications. Mais, grâce à Dieu, dans notre congrégation, l'expérience est faite maintenant, et ces œuvres demeurent le patrimoine d'un institut consacré au service des pauvres.

« Le bon Père Myionnet voyait dans ce ministère quelque chose de providentiel, il en augurait un grand bien et croyait y entrevoir un instrument de régénération sociale.

Il me semble que vous y avez bien heureusement mêlé le dévouement de vos jeunes confrères. Comme vous le dites, je suis, moi aussi, convaincu que ce petit effort va être pour eux la source d'un grand bien.

« Continuons à aimer et à soigner ces pauvres abandonnés, afin de mériter d'être soignés et aidés par le bon Maître, quand nous en aurons besoin nous-mêmes. Le Père Supérieur est très heureux de tout ce bien qui se fait aux pauvres : il y voit le gage de la bénédiction du bon Dieu sur nous, sur la congrégation, sur l'avenir.... » (1)

A l'heure qu'il est, ces admirables dévouements envers les pauvres provoquent des imitateurs sur les différents points de notre pays. Qui d'entre les catholiques n'a suivi ce magnifique mouvement de charité dont la Basilique du vœu national est le théâtre, depuis plus d'une année ?

M. de Préville entrevoyait, à la suite de ce ministère auprès des pauvres, de nombreuses bénédictions pour la famille religieuse à laquelle il appartenait ; il est bien permis de concevoir les mêmes espérances

---

1. Lettre à M. Le G..., 26 avril 1887.

pour la France tout entière, en face des merveilles charitables qui se réalisent au cœur de notre Patrie.

En tout cas, il n'est pas téméraire de penser que cet amour effectif des pauvres, fut pour l'œuvre de M. de Préville, la raison d'une protection spéciale de la part de Dieu.

Pour en donner la preuve, peut-être sera-t-il bon de montrer en quelques pages qui termineront ce chapitre, les principaux résultats extérieurs du patronage de Notre-Dame des Apprentis ; nous disons « extérieurs », car il y en a d'autres qui sont connus de Dieu seul, fruits de conversion, fruits de préservation, fruits de sanctification, ces choses-là restent le secret de l'éternité.

L'un des résultats de l'œuvre créée par M. de Préville fut l'éclosion de nombreuses vocations ecclésiastiques ou religieuses. Voyait-il dans un enfant des dispositions pour le sacerdoce ou pour la vie régulière, le saint directeur de Notre-Dame des Apprentis se faisait un bonheur et un devoir de l'entourer de soins, de le porter à une piété plus grande, afin de seconder les desseins que Dieu avait sur cette âme privilégiée. Puis, comme nous l'avons déjà dit, M. de Préville se faisait pro-

fesseur de langue latine, malgré la multipli-
cité de ses travaux. Parfois même, il conduisait ses élèves jusqu'aux classes les plus
avancées ; c'était surtout lorsqu'il se trouvait
en présence de jeunes gens dont il avait tar-
divement remarqué la vocation et qui étaient
trop âgés pour suivre l'ordre régulier des
cours ; mais, enfants ou jeunes hommes,
M. l'abbé de Préville avait presque toujours
des élèves qu'il destinait à l'état ecclésiastique, et qu'il plaçait lui-même au séminaire.
A l'heure où nous écrivons ces lignes, il se
survit dans dix ou douze prêtres du seul diocèse d'Arras, qui honorent leur bienfaiteur
par les services qu'ils rendent à la cause du
Seigneur dans le ministère des paroisses et
des collèges. D'autres enfants du patronage
sont religieux de la Compagnie de Jésus ou
Frères de Saint Vincent de Paul. Après Dieu,
c'est à M. de Préville, qu'ils doivent la grâce
de leur vocation.

Du reste, l'abbé de Préville portait aux
séminaires un intérêt de premier ordre. Lui
a-t-on jamais inutilement tendu la main en leur
faveur ? Nous savons pertinemment le contraire. Au surplus, après avoir largement payé
de sa fortune, il payait aussi de sa personne.

Chaque année le vénéré supérieur du Petit Séminaire de Boulogne demandait à M. de Préville de venir confesser à l'occasion de la retraite de rentrée ; il acceptait avec bonheur, tandis qu'il refusa toujours de prendre d'autres confessions pour lesquelles on le réclama plus d'une fois. Il s'agissait d'âmes de jeunes gens, et surtout, de futurs prêtres ; cela suffisait pour qu'il se donnât tout entier.

Cette sollicitude que l'abbé de Préville témoignait aux enfants appelés à une vie plus parfaite, il la montrait également envers les autres jeunes gens relativement à la question de leur avenir. Pour lui, ce ne fut jamais assez de les recevoir au patronage et de s'occuper seulement de leurs intérêts spirituels ; il s'occupa toujours très vivement de leurs intérêts matériels. Bien avant l'encyclique « *Rerum novarum* », il avait compris le devoir social, tel qu'il ressort des enseignements de Léon XIII. Dès le début de son œuvre, nous le voyons faire des démarches actives auprès des patrons chrétiens en faveur de ses chers protégés. Son « Journal de directeur » signale que le premier placement eut lieu, grâce à ses soins, le 1er septembre 1873, c'est-à-dire quelques semaines seulement après l'ouverture de sa maison de la rue Tour Notre-Dame. Combien de ses jeunes gens lui doivent d'avoir franchi rapidement le premier pas toujours si difficile pour trouver une carrière ! Il ne reculait pas devant les plus pénibles démarches afin de leur trouver un emploi honorable et rémunérateur. Et comme toute la ville le connaissait et l'admirait, il était rare que ses demandes ne fussent pas favorablement accueillies. M. de Préville ne s'arrêtait pas là. Il voulait que ses enfants fussent de bons et honnêtes employés ou ouvriers ; aussi s'attachait-il, dans les conversations particulières de Notre-Dame des Apprentis, à détruire un à un leurs préjugés et à faire disparaître chez eux tout sentiment d'opposition contre le patronat ou le capital. Nous retrouvons les échos de ces causeries dans ses notes ; personne, dans sa sphère d'action, n'a autant contribué que lui à arrêter les progrès du socialisme.

Aujourd'hui, il n'est guère d'atelier ni de bureau où ne se trouvent les enfants de M. de Préville ; ceux-ci conforment leur conduite aux principes qui leur ont été enseignés par leur bienfaiteur, et la plupart sont des exemples de travail, de loyauté et de fidélité. D'aucuns même sont arrivés à d'honorables situations. La réputation du patronage est si bien établie que beaucoup de chefs d'établissement qui occupent un certain nombre d'employés, s'adressent de préférence à Notre-Dame des Apprentis ; les traditions qui y sont fidèlement gardées, sont considérées par les patrons, comme une garantie très précieuse qu'ils ne trouvent pas facilement ailleurs. C'est un avantage considérable dont il faut faire remonter l'honneur à l'œuvre de M. de Préville.

C'est en leur témoignant cet intérêt de tous les instants que le directeur de Notre-Dame des Apprentis parvenait à maintenir le plus grand nombre de ses enfants dans le droit chemin jusqu'à l'époque du mariage.

A partir de ce moment, M. de Préville les rendait à leur paroisse. « Depuis dix ans, écrivait-il en 1888, j'ai, pour ma part, versé dans les différents quartiers de la ville une dizaine de ménages qui, tous, fréquentent leur église paroissiale, autant que les autres bonnes familles du voisinage. » (1) Le temps a marché ; dix autres années sont venues s'ajouter à la vie du patronage, pen-

---

1. Rapport à l'un des MM. les Vicaires généraux d'Arras.

dant lesquelles de nouveaux foyers se sont créés, au sein desquels règne le même esprit chrétien et où sont en honneur les mêmes pratiques religieuses.

Chaque mois, M. de Préville célébrait la messe dans la chapelle de l'œuvre, pour les anciens membres mariés. Ceux-ci faisaient tout leur possible pour y assister et y recevaient assez souvent la sainte Communion. La petite instruction qui leur était adressée en cette circonstance, contribuait à les garder dans leurs chrétiennes dispositions. Autant M. de Préville tenait à ce que tous ses enfants suivissent fidèlement les exercices religieux du patronage, avant le mariage, autant il travaillait à en faire de sérieux et dévoués paroissiens, après leur établissement dans le monde. Personne ne regrettait, plus que lui, de voir la plupart des anciens élèves des collèges catholiques abandonner aujourd'hui l'église de la paroisse, dans les villes, (1) et se contenter, dans les campagnes, d'une messe basse, entendue le matin de chaque dimanche.

Il faisait comprendre à ses enfants qu'ils

---

1. Rapport à l'un des MM. les Vicaires généraux d'Arras.

seraient répréhensibles de suivre ces regrettables coutumes, car le culte social est dû au Créateur aussi bien que l'adoration individuelle.

Ce que M. de Préville demandait, il l'a obtenu ; ses «anciens» sont généralement restés attachés à leurs devoirs de chrétiens. Ils continuent à édifier les paroisses par leur attitude et leur constante fidélité. Assurément, il ne faut rien exagérer ; la perfection n'est pas de cette terre. Ici, comme ailleurs, il y a eu des défections ; M. de Préville les connaissait et les regrettait ; mais on ne peut nier qu'après avoir travaillé à faire des jeunes gens sérieux, nul ne s'est efforcé, plus que lui, de mener à bonne fin le travail commencé, en en faisant des pères de famille à la hauteur de leurs devoirs, et des chrétiens capables de répandre le bon exemple dans les divers milieux où ils se trouvent jetés par la Providence.

CHAPITRE QUINZIÈME

1894
MALADIE DE M. DE PRÉVILLE
IL VIENT A BOULOGNE, IL EST FORCÉ D'Y RESTER
SES DERNIERS JOURS
VISITE DES « ANCIENS » — SON AGONIE
ET SA MORT — SES FUNÉRAILLES
CHAVILLE ET NOTRE-DAME DES APPRENTIS

OUTES les œuvres de M. de Préville étaient en pleine prospérité, lorsqu'au commencement de l'année 1894, une affection cardiaque dont vingt ans auparavant il avait contracté le germe à Notre-Dame des Apprentis, l'obligea, malgré lui, à prendre du repos. En déployant une activité aussi prodigieuse et en se dépensant sans compter, avait-il le pressentiment de sa fin prématurée ? En tout cas, la pensée de la mort était loin de l'effrayer. Pendant sa retraite de trente jours, en 1885, il écrivait ces mots caractéristiques :

« Je crois que Notre-Seigneur m'a fait la grâce de me tenir dans la disposition de recevoir tout ce qu'il voudra m'envoyer. La santé, j'en ai déjà fait le sacrifice, il y a sept ou huit ans ; je crois être tout prêt à le recommencer et j'en demande la grâce au divin Maître. »

Depuis plusieurs années, sa vénérable mère était en proie à d'indicibles douleurs physiques ; il lui adressait de temps en temps des lettres touchantes où l'on sentait à la fois le saint prêtre, le fils très affectueux, et l'ami de la souffrance chrétienne. Elles portaient la consolation à celle qui les recevait et préparait sans doute à la séparation finale celui qui les écrivait :

« Ma bonne mère, tu me dis que tu aurais voulu t'entretenir avec moi de la mort. Si c'est pour te préparer, c'est une bonne pensée. Il ne faut pas t'en effrayer, c'est le moment où le bon Dieu nous réunit à lui dans le ciel, et nous récompense de tout ce que nous avons fait pour lui. C'est alors aussi, que l'on regrette de n'avoir pas mieux profité de son temps d'épreuve sur la terre, pour se sanctifier. Voilà pourquoi il faut demander à la Sainte Vierge, après-demain, jour de son Immaculée Conception, qu'elle nous obtienne une complète résignation à nos peines et à nos souffrances. Si tu la lui demandes souvent, la Vierge Marie finira bien par t'obtenir cette grâce ; mais ne te décourage pas à l'avance... Ainsi, c'est convenu ; quand tu penseras à la mort, tu te diras : Il faut que je supporte cet ennui, ces souffrances si pénibles, pour me préparer à bien mourir. »

Un autre jour M. de Préville écrivait encore à la chère malade :

« Bonne mère, comment peux-tu m'accuser de t'oublier ? Il me semble qu'il n'y a pas plus de dix ou douze jours que je t'ai écrit... Je prie toujours pour toi, et je suis convaincu que si tu arrives à supporter vaille que vaille tes souffrances si pénibles et si crucifiantes, c'est une grande grâce du bon Maître.

« Je ne m'étonne pas que tu sentes de temps en temps une plainte te monter au cœur. Mais il ne faut pas croire que tu offenses le bon Dieu parce que tu trouves l'épreuve lourde et la souffrance amère ; on n'est coupable que quand on refuse au bon Dieu le droit de nous envoyer la souffrance pour nous sanctifier.

« Quand le bon Dieu permet que tu souffres beaucoup, essaie de te tourner vers le Crucifix et de comparer tes souffrances à celles de la Passion ; douleurs extérieures :

elles sont plus cuisantes que n'importe quelle douleur humaine ; douleurs intérieures : abandon des Apôtres, reniement de saint Pierre, indifférence des pécheurs. Si tu peux t'arrêter à ces quelques pensées, tu en éprouveras un bien sensible et véritable. Souffre pour mes novices ; ils sont en retraite en ce moment et quelques-uns ont à faire au bon Dieu de vrais sacrifices...»

A la fin de mars 1893, unissant dans une même pensée les souffrances maternelles et la rapidité avec laquelle sa propre vie se précipitait, M. de Préville écrivait :

« Ma bonne Mère, je recommande toujours à tes souffrances les retraites des jeunes gens que nous devons faire le mois prochain.

« C'est demain, si je ne me trompe, que j'aurai 48 ans. Il me semble que le temps passe bien vite. Je me vois encore écolier, étudiant à Paris, séminariste, et il faut cependant compter 48 ans ! Je demande pardon au bon Dieu de l'avoir si mal servi pendant tout ce temps, et je le supplie de m'aider à faire moins mal pendant cette année qui va recommencer pour moi. »

Ne croirait-on pas entendre le langage des

saints ? Mais ne fallait-il pas qu'elle fût sainte, elle aussi, la mère qui pouvait recevoir des exhortations semblables à celles que nous voulons encore transcrire ici ?

Angers, 12 janvier 1894.

J. M. J. V.

« Ma bonne Mère,

« Je t'avais écrit que je pensais pouvoir aller t'embrasser vers le 15 janvier ; je suis obligé de te demander encore un répit de 15 à 20 jours ; car je suis, depuis ce matin, à Angers, où je fais la visite canonique. Je pars de là à Saint-Etienne ; je pense être de retour à Paris vers la fin du mois et de là, j'espère pouvoir aller te souhaiter la bonne année. Elle sera *bonne*, cette année, si tu sais *souffrir courageusement* tout ce qui se présentera.

« Je dis « souffrir » puisqu'il semble que Notre-Seigneur veuille que tu te sanctifies en souffrant. « Courageusement » ne veut pas dire que tu ne sentiras pas de temps en temps au dedans de toi-même quelques pensées de découragement et de désespoir, mais, « courageusement » veut dire que tu lutteras contre ces mauvais mouvements et que dans ton cœur, tu les offriras au bon Dieu pour les expiations de tous ceux que tu as aimés et qui sont morts avant toi.

« C'est une manière très efficace de les aider que de souffrir pour eux. Cela te permet aussi d'espérer que tu ne demeureras pas longtemps dans le Purgatoire, mais que Notre-Seigneur te recevra de suite dans le ciel, quand tu auras cessé de souffrir sur la terre.

« Courage donc, ma bonne mère, regarde souvent le crucifix et essaie de repasser les unes après les autres, les souffrances de notre divin Sauveur durant sa Passion. Quel martyre! quelles souffrances atroces et intolérables ! Pourquoi souffre-t-il ainsi ? Pour nous encourager à souffrir avec Lui et pour Lui.

« Je prie bien pour toi. Quelques jours de patience et j'irai vous voir tous au Mont Lambert. »

Hélas ! Dieu devait en décider autrement. Presqu'immédiatement après son retour à Paris M. de Préville sentit que sa maladie prenait un caractère alarmant. Les docteurs lui permirent cependant d'aller à Boulogne, pour y voir sa pauvre mère, mais à condition qu'il n'y ferait qu'un court séjour, et qu'il partirait bientôt pour Angers, dont le climat lui serait plus favorable que celui du littoral. On était au mois de mars 1894. (1)

Quelques jours après, M. de Préville arriva à Notre-Dame des Apprentis. Or, son mal prit soudain une gravité nouvelle et dans des proportions si crucifiantes, qu'il lui fut impossible d'aller embrasser sa mère, la consoler comme il savait si bien le faire (et, pourtant, il se sentait à deux pas d'elle) et de quitter Boulogne dont la température lui était funeste.

Le dessein de Dieu est visible ; il veut que M. de Préville achève dans le sacrifice de son cœur et dans l'immolation de lui-même, cette fondation dont il a jeté les bases vingt-deux ans auparavant. C'est ainsi que le Seigneur couronne les œuvres qu'il bénit et auxquelles il veut faire produire des fruits abondants.

En effet, l'illusion n'était plus possible ; M. de Préville était frappé à mort et il le savait mieux que personne. En quelques jours ses forces diminuèrent tellement qu'il ne pouvait plus monter à l'autel sans être

---

1. Lettre à M. Le G..., 9 mars 1894.

soutenu par un confrère. Quelle douleur pour lui quand le lundi de la Pentecôte, il lui fut tout à fait impossible de célébrer la sainte messe !

De tous côtés, à Boulogne, à Paris, dans les différentes œuvres de la Congrégation, on organisa d'ardentes prières pour la conservation d'une existence aussi précieuse. On mit en cause le saint abbé Planchat, le glorieux martyr de la rue Haxo, dans l'espoir d'obtenir, par son intercession, un miracle qui aurait en même temps servi et hâté sa canonisation.

L'amélioration tant désirée n'eut pas lieu. Au contraire, la maladie fit des progrès si effrayants, que bientôt le R. Père Général vint de Paris pour consoler son bien-aimé Frère et lui donner les derniers sacrements.

Cette émouvante cérémonie à laquelle nous avons déjà fait allusion, se passa, le mercredi, 25 avril, jour de la retraite du mois, en présence de plusieurs prêtres de Boulogne et des environs. La Providence divine a parfois, à l'égard des saints, de bien touchantes attentions. N'en était-ce pas une que la coïncidence de la retraite mensuelle et des derniers sacrements administrés au prêtre zélé qui avait eu la première idée de ces réunions sacerdotales ? Avec quel religieux attendrissement, les retraitants écoutèrent les derniers conseils du vénéré malade qui leur demanda de rester fidèles jusqu'à leur mort à ces pieux exercices !

Malgré les ravages de la maladie, M. de Préville conservait toute la lucidité de son intelligence et l'énergie complète de sa volonté. L'heure était venue pour lui d'accepter ces coups douloureux de la souffrance qu'il avait si bien appris aux autres à supporter. Et non seulement, il les acceptait avec résignation, mais il les offrait à Dieu pour la conversion des âmes. Il réalisait ainsi le beau programme que depuis plusieurs années il traçait à sa bonne mère.

A mesure qu'il approchait du terme fatal, ses souffrances devenaient plus aiguës. Un de ses frères en religion eut le bonheur de passer avec lui l'après-midi du 11 mai. M. de Préville ne vivait déjà plus qu'avec Dieu. De sa voix défaillante il prononça quelques paroles entrecoupées qui nous ont été conservées :

« Mon Dieu, je vous offre mes souffrances pour tous nos enfants... le salut des âmes...

notre sanctification à tous... Pour nos parents, notre bonne famille religieuse..... pour les directeurs qui ne voient pas clair... pour ceux qui sont trop durs pour eux-mêmes. »

Puis, baisant son crucifix :

« Mon doux Jésus, merci, pour me soulager, m'encourager, me fortifier... oh! que je vous aime encore davantage !... prenez ma faiblesse, mon bon Jésus... Et je disais aux autres qu'ils ne pouvaient rien souffrir... quel orgueil !... Un frère de Saint Vincent de Paul qui ne sait pas souffrir !... qu'est-ce que c'est, ô mon Dieu... il y en a tant qui n'y pensent jamais, jamais, jamais... »

Sa pensée se reporte alors sur ses enfants :

« O mes anciens enfants, pour lesquels j'ai tant fait... où en sont-ils avec le bon Dieu ?... oh! je ne leur ai pas assez appris à l'aimer... Ont-ils fait leurs Pâques ?... Je vais demander au bon Dieu qu'ils comprennent qu'il n'y a de salut pour eux que dans la prière.

« Je vous demande pardon, ô mon Dieu, de toutes ces communions tièdes qui se font... ô Seigneur, j'ai trop tardé à les réparer... pardon de ce que j'ai dit, mal dit, médiocrement dit... J'ai encore quelques jours, quelques heures au moins pour réparer... messes dites... combien avec froideur... et le jugement à passer... Hélas ! hélas ! hélas !... Et mon ministère, l'apostolat en particulier, à quoi s'est-il borné... à peu, peu, peu de chose... »

Quelques heures plus tard, le malade, fixant toujours son crucifix, offrit à Dieu le sacrifice de sa vie :

« Dans peu de jours, ô mon Jésus, vous tournerez ma vie d'un côté ou d'un autre... La vie... si vous voulez... la mort... comme vous voudrez... »

Un instant après, il parla de sa mère :

« Si je meurs, vous direz à ma mère que j'ai bien pensé à elle pendant ma maladie... que je compatis bien à ses longues souffrances... que je comprends mieux maintenant... Dites-lui aussi, si je meurs, que j'ai beaucoup prié pour elle, pour que nous nous retrouvions bien vite dans le Paradis... » (1)

Aussitôt que la gravité de l'état de M. de Préville fut connue dans la ville de Bou-

---

1. Mme de Préville ne tarda pas à rejoindre son cher fils : elle mourut un mois après lui, jour pour jour.

logne, ses anciens enfants s'empressèrent de
se rendre à Notre-Dame des Apprentis, et
demandèrent à voir leur Père bien-aimé.
Pas un ne manqua. Il en vint de tous
les quartiers. Ceux-là même qui s'étaient
égarés dans des voies malheureuses, accou-
rurent comme les autres. M. de Préville
les reçut tous, les uns après les autres, par
petits groupes. On ne peut imaginer rien
de plus touchant que ces dernières entrevues
et cette dernière bénédiction. Pour tous, le
vénéré mourant eut un mot particulier ; un
sage conseil, un paternel reproche, une tendre
félicitation. Les larmes coulaient de tous les
yeux, et les paroles de l'apôtre mourant se
gravaient dans les cœurs, comme les suprêmes
volontés d'un père qui laisse un testament
à ses enfants.

Beaucoup firent la sainte Communion en
faveur du cher malade. Dieu se servit même
de ces circonstances douloureuses pour ramener à la pénitence et au pardon plusieurs
brebis égarées.

Un des derniers jours de sa vie, en
voyant autour de lui un certain nombre
d'anciens restés fidèles aux pratiques religieuses, M. de Préville leur dit :

« Formez donc entre vous un petit comité qui affermira vos premiers liens de camaraderie et qui perpétuera le souvenir des bons conseils que vous avez reçus au patronage... » Puis recevant quelques minutes après les écoliers fréquentant l'œuvre : « Mes petits, leur dit-il, si Boulogne est conservé, c'est grâce aux patronages : eh ! bien, soyez de bons enfants de Boulogne... Gardez l'esprit des anciens. »

Un autre jour, deux jeunes gens d'entre les meilleurs étant venus le revoir, voici ce qu'il leur dit : « Si vous êtes dans la peine, priez-moi... non pas comme un saint, mais comme quelqu'un qui est dans le ciel, près de Dieu. »

Malgré ces sentiments de douce confiance, M. de Préville avait des moments de frayeur à l'approche de la mort. Faut-il s'en étonner ? Toutes les vies des saints sont remplies de cette crainte finale. Le démon met en œuvre ses dernières ressources pour faire tomber les âmes dans le découragement ; et Dieu lui-même veut sans doute donner à ses prédestinés cette suprême ressemblance avec l'Agonisant de Gethsémani qui a ressenti vivement ces angoisses.

Dans l'un de ces moments si pénibles, M. de Prévilie s'adressant au dévoué directeur du patronage lui disait :

« Venez ici... plus près... que je ne sois pas seul... »

D'autres fois, appelant la pieuse religieuse qui le soignait :

« Vite, priez, priez, » et la Sœur disait tout haut : « O Marie, conçue sans péché, priez pour nous qui avons recours à vous. — Notre-Dame de la Salette, réconciliatrice des pécheurs, priez pour nous. » Ces prières le rassuraient. Le R. Père Général, qui connaissait sa confiance en Marie et l'extrême délicatessé de sa conscience, avait écrit en grosses lettres ces invocations, de manière que M. de Préville pouvait les apercevoir et les dire du fond du cœur, aussi souvent qu'il le désirait.

Durant quelques jours, sa vie fut un vrai martyre ; il l'endura « pour sa famille, pour les soldats, pour les jeunes gens de Paris, pour les patronages, pour les filles de fabrique si perverties :

« O mon Dieu, faites-moi souffrir encore durant des années ; il faut des souffreurs, il n'y en a pas assez. »

Enfin, le 19 mai, le Seigneur jugea que son serviteur avait suffisamment souffert et le rappela à lui pour le récompenser. C'était un samedi, jour consacré par la piété chrétienne à la Vierge Marie, qu'il avait tant aimée; c'était en même temps la fête de saint Yves, l'avocat des pauvres, dont M. de Préville s'était toujours montré lui-même le protecteur et l'ami.

Ses funérailles (1) furent célébrées à l'église Notre-Dame, au milieu d'une assistance innombrable, composée en majeure partie d'enfants des écoles, des membres des patronages et de pauvres. M. l'Archiprêtre de Boulogne prononça l'éloge du saint prêtre en des termes si touchants, que nous demandons la permission de les reproduire :

« Mes frères, je ne puis me résigner à laisser enlever cette chère dépouille sans dire un dernier adieu, sans rendre un humble hommage au saint prêtre que nous pleurons.

« M. de Préville est mort religieux de la Congrégation des Frères de Saint Vincent de Paul ; mais si, dans cette famille où il est entré, par suite de son zèle et sous

---

1. Le 22 mai.

l’impulsion de son dévouement pour les âmes, il a trouvé le repos de son cœur, il est resté nôtre, cependant ; et si ses frères sentent vivement la grande perte qu’ils font aujourd’hui, nos cœurs ne sont pas moins tristes devant la perte que nous faisons nous-mêmes.

« Mes frères, la parole de l’Ecriture qui semble le mieux rappeler M. de Préville, c’est ce mot de saint Paul, dans sa deuxième Epître aux Corinthiens : « *Libentissime impendam et super impendar ipse pro animabus vestris.* » Je donnerai tout, je m’épuiserai même, s’il le faut, pour le salut de vos âmes.

« C’est toute la vie de M. de Préville, depuis le jour où nous l’avons vu, ici même, célébrer les prémices de son sacerdoce, jusqu’à celui où nous pleurons sur ses restes mortels. De tout cœur, il a travaillé au salut des âmes. Nos écoles, nos patronages, nos institutions religieuses sont là pour témoigner qu’il a réalisé cette devise. Plusieurs paroisses de Boulogne n’auraient pas le bienfait inappréciable d’écoles catholiques, si M. de Préville n’avait contribué à leur fondation avec une libéralité qui n’a rien de comparable ; tous nos patronages viennent de lui ; quant à nos maisons religieuses, il ne m'appartient pas de révéler ce que le cher défunt a fait pour elles ; mais à l'époque de la fondation si laborieuse du Petit Séminaire, je puis bien dire que nulle main ne s'est tendue vers nous, plus généreuse que la sienne. Sa charité était sans limites ; si ses frères parlaient ils pourraient vous dire que partout où il a passé, il a fait ce qu'il avait fait à Boulogne : il sacrifiait tout pour les âmes, de grand cœur ; avec la bonté inépuisable que nous lui avons connue. Tout pour les enfants et les jeunes gens afin de les maintenir et de les instruire ; tout pour les pauvres afin de les moraliser et de les secourir ; et si vous me demandez où est la fortune qu'il avait reçue de ses nobles aïeux, je vous dirai : regardez les pauvres, regardez les jeunes gens, c'est à eux qu'il a donné ses vertus, sa fortune, son dévouement, sa vie.

« Mes frères, donner tout, c'est beaucoup ; c'est plus encore de se donner soimême. Or cette donation de lui-même, M. de Préville l'a faite sans réserve.

« Du jour où, sorti de la maison de

Mgr Haffreingue, qui a fourni tant de saints prêtres et tant de laïques dévoués, l'abbé de Préville résolut de quitter un monde qui lui promettait pourtant un brillant avenir, à cause de ses talents et de ses vertus ; de ce jour, il ne s'appartient plus. Deux amours se partagent son cœur : l'amour des jeunes gens et celui des pauvres : de là le puissant attrait de son âme pour la Congrégation de Saint Vincent de Paul, dont le but est de veiller sur la jeunesse, et de se dévouer aux pauvres, afin de les conduire à Celui qui, seul, peut rendre supportables les misères de la pauvreté ; M. de Préville travaille sans relâche à ces deux œuvres. Cet homme de Dieu ne connaît pas le repos : il devine le bien à faire et s'y porte avec ardeur, son âme vaillante ne sait pas ce que c'est que l'obstacle ; et toujours Dieu bénit ses efforts.

« Outre qu'il s'occupait de ces œuvres extérieures, rappelez-vous encore que la confiance et l'estime de ses supérieurs lui avaient donné une large part d'autorité dans le gouvernement de la Congrégation ; de plus, mille œuvres diverses s'étaient greffées sur celles dont je vous parlais tout à l'heure de sorte que nous pouvons difficilement avoir une juste idée du bien que M. de Préville a fait en si peu d'années. Car, hélas ! mes frères, aujourd'hui, nous ne devons pas nous faire illusion : ce saint prêtre n'est plus ; il nous a quittés pour aller avec le bon Dieu. Il est revenu mourir au milieu des siens ; et, durant sa maladie, malgré ses souffrances, malgré tout, il a accompli sa mission, consolant les uns, encourageant les autres, disant à tous le mot qui va au cœur; jusqu'à la fin il s'est épuisé au service des âmes : *libentissime impendam et super impendar ipse pro animabus.*

« Mes frères, nous n'oublierons pas ce saint prêtre ; nous garderons précieusement son souvenir, le souvenir de ce confrère parfait, de cet ami fidèle.

« Nous, prêtres, nous garderons son souvenir en priant pour lui, en essayant de marcher sur ses traces ; vous, mes frères, qui m'écoutez, vous vous souviendrez de lui pour soutenir ses œuvres.

« Vous surtout, les anciens du patronage de Notre-Dame, n'oubliez pas que si vous avez été la première conquête de son zèle, vous avez toujours été l'objet de ses préférences. Gardez son cœur comme un trésor, souvenez-vous de ses inspirations et de ses conseils.

« Puisse ce faible hommage rendu à la mémoire de M. de Préville, être une consolation pour sa mère vénérée, pour son frère, pour tous les siens ! Non, nous ne l'oublierons jamais, ce prêtre dévoué ; ses conseils et ses exemples resteront gravés dans nos cœurs. Promettons-lui tous (rien ne saurait lui être plus agréable) de servir et d'aimer Dieu, comme lui-même l'a aimé et servi, afin qu'un jour nous partagions avec lui la récompense du ciel. »

La triste cérémonie terminée, les restes mortels du vénéré défunt furent dirigés sur Chaville, où se trouve la sépulture de la Congrégation des Frères de Saint Vincent de Paul.

Mais les enfants du patronage de Notre-Dame des Apprentis voulurent garder le cœur de leur bien-aimé Fondateur et Père en Jésus-Christ. Grâce à une souscription qui les honore, ils ont pu placer dans la chapelle de l'œuvre, un marbre blanc d'une grande beauté, au milieu duquel reposera désormais ce cœur d'apôtre.

Au bas du monument, on lit l'épitaphe suivante :

ICI A ÉTÉ DÉPOSÉ,

PAR CEUX DONT IL FUT LE PÈRE,

LE CŒUR DE MAXIMILIEN RAOUL DE ROUSSEL

DE PRÉVILLE,

PRÊTRE, ASSISTANT DU SUPÉRIEUR GÉNÉRAL

DES FRÈRES DE SAINT VINCENT DE PAUL,

FONDATEUR DE CETTE MAISON,

VOUÉE A NOTRE-DAME DES APPRENTIS

1845   1894

La charité nous l'avait donné   *Procedent qui bona fecerunt,*
L'obéissance nous l'a pris   *in resurrectionem vitæ*
La mort nous l'a rendu   JOAN., V.

Puissent les nombreux enfants de M. de Préville ne jamais oublier les conseils sortis de ce cœur si affectueux et si zélé ! C'est pour eux surtout qu'il a vécu, qu'il a souffert et qu'il est mort.

M. de Préville et les Ames
Son Action profonde — Son Abnégation
Les Préférés de M. de Préville :
Les Enfants, les Jeunes Gens, les Prêtres
les Pauvres — Conclusion

NOUS avons mené jusqu'à la fin le récit de cette vie si pleine, entièrement consacrée à Dieu et aux âmes.

Peut-être plusieurs se demanderont-ils comment un seul homme a pu fonder et diriger tant de choses en si peu de temps, et à la vue de cette magnifique floraison d'œuvres, sorties de son action sacerdotale, quelques-uns se diront sans doute qu'il est impossible de marcher sur ses traces.

Assurément, M. de Préville a beaucoup travaillé et Dieu a béni son travail immense ; mais sans prétendre l'égaler, on peut l'imiter de loin et se réchauffer au contact de son âme apostolique.

Aussi bien, M. de Préville nous paraît avoir été de la race des saints, et après avoir mis en garde contre le découragement ceux de ses disciples, qui pourraient s'effrayer d'une vertu si grande, nous voudrions, pour terminer notre tâche, indiquer au lecteur ce qui nous semble avoir été le ressort principal de cette existence d'apôtre, à savoir : un amour passionné des âmes.

Soit qu'il parlât, soit qu'il écrivît, M. de Préville ne perdait jamais de vue le salut des âmes. Il était d'une obligeance extrême, il recevait beaucoup de monde, il écrivait de nombreuses lettres, mais dans toutes ses relations, sa réponse était courte, précise, pleine de sages conseils qui tendaient toujours au bien. Il ne savait dire ni écrire de banalités ; et pour lui, tout était banal qui ne portait pas à aimer Dieu davantage.

Mais aussi, si M. de Préville était l'homme des âmes, celles-ci résistaient difficilement à son influence. En peu de temps, il prenait sur elles une action profonde et définitive.

« Je puis dire, écrit l'un de ses pénitents, que j'allais toujours en direction chez M. de Préville, avec l'appréhension qu'il me demanderait des choses pénibles, mais en même temps, avec la certitude que je céderais quand même. »

Au mot « impossible » il répondait : « essayez » et ce conseil était donné avec une telle conviction qu'il avait immédiatement le caractère d'un ordre irrésistible.

Sa parole privée, comme sa parole publique, était de la plus grande simplicité, mais elle était particulièrement pénétrante. Elle poussait l'adversaire jusque dans ses derniers retranchements ; puis, lorsqu'il était ainsi vaincu, elle venait promptement à son secours, se hâtant de le relever et de le rendre meilleur.

Prendre contact avec une âme, c'était pour M. de Préville, l'aimer profondément, se dévouer à elle, la soutenir coûte que coûte, se sacrifier à son service ; habituellement, cette âme savait comprendre et se montrait reconnaissante, en s'ouvrant toute grande et pour toujours, ainsi que nous le disions plus haut.

Est-il possible d'exercer cet empire sur les âmes, sans mettre à leur service une abnégation constante et pratiquée à un degré éminent ? M. de Préville se faisait littéralement l'esclave de ses charges et de son devoir. « Je me rappellerai toujours, dit l'un de ses frères en religion, les amers reproches qu'il s'adressa à propos d'un certain voyage à Marseille, qu'il fit cependant d'une façon vertigineuse. C'était la première fois qu'il s'éloignait ainsi depuis la fondation de Notre-Dame des Apprentis.

Pendant son absence forcée, l'un de ses enfants se compromit assez gravement à l'extérieur. A son retour, M. de Préville fut désolé : « Quel voyage inutile ! répétait-il sans cesse, j'aurais bien pu traiter cette affaire par lettre... J'aurais bien dû prévoir ce qui est arrivé ! etc... » Nous avons vu qu'il en fut semblablement durant toute sa vie religieuse.

Les relations de famille elles-mêmes ne trouvaient pas grâce devant cet absolu dévouement aux âmes. Quand ses parents étaient dans la peine, M. de Préville apparaissait et consolait ; mais au cours de la vie ordinaire, il montrait un détachement héroïque. Bien des fois, se trouvant à Notre-Dame des Apprentis, il aurait pu consacrer quelques heures à la vie de famille ; il ne faisait que passer au Mont Lambert et revenait, au plus vite, continuer son travail, au patronage.

Un trait entre mille, pour appuyer ce que nous disons : Un jour (c'était plusieurs années après l'ouverture de Notre-Dame des Apprentis), M. de Préville donnait à

quelques jeunes gens de son œuvre, une retraite fermée au château d'Huplandre, situé
sur le territoire de Saint-Martin. Son frère, le
sachant à deux pas de sa demeure, vint en
toute hâte lui annoncer la naissance de son
premier fils, désiré depuis si longtemps, et
le pria de s'absenter un instant pour venir
le baptiser... « Il y a des prêtres à la
paroisse, répondit M. de Préville. Je ne
puis pas quitter en ce moment. » Et il ne
vint bénir son neveu qu'après la clôture
de la retraite.

Cet amour des âmes, auquel M. de Préville
subordonnait toute sa vie, s'étendait premièrement aux enfants, aux jeunes gens, aux prêtres
et aux pauvres.

A l'endroit des petits enfants, il avait la
sollicitude même de Notre-Seigneur. Sans vouloir nous répéter, nous rappellerons ce qu'il
fit pour eux au moyen des patronages, des
écoles et de la retraite mensuelle des
écoliers.

Quand il traversait les rues de Boulogne,
on le voyait souvent se détourner et aller
donner une cordiale poignée de main à quelqu'un de ces enfants du peuple. Il prenait
à la lettre ces mots du Maître : « Tout ce que

vous ferez à l'un de ces petits, c'est à moi-
même que vous le ferez. » L'une de ses
plus douces joies était de prêcher des retraites
de première communion, ou de prêter son
concours pour les débuts d'un patronage.

Que de petits enfants il a portés à Dieu,
après les avoir remis dans la bonne voie !
Ainsi, faisait-il aimer le prêtre, en semant
l'amour de Notre-Seigneur.

Que dirons-nous de l'affection de M. de
Préville pour les jeunes gens ? Là se trouve
le secret de l'influence profonde que, durant
toute sa vie, il exerça sur eux. Affection singulièrement intelligente qui poussait au bien,
non-seulement par la force qu'elle apportait,
mais surtout par l'initiative personnelle qu'elle
provoquait à chaque instant.

Avec son admirable bon sens et sa grande
expérience des jeunes gens, M. de Préville
avait compris un vice radical dont est enta-
chée l'éducation que donnent à leurs enfants
beaucoup de mères de famille, parfois sincè-
rement chrétiennes. Elles s'imaginent souvent
parvenir, à force de clairvoyance naturelle
et d'habileté purement humaine, à les pré-
server des entraînements de la jeunesse ;
dès lors, en enlevant toute initiative à leur

enfant, elles en viennent à supprimer le sentiment de la responsabilité ; elles brisent la volonté au lieu de la former et de la diriger, et, elles élèvent des êtres sans conscience et sans ressort, qui sont incapables d'affronter les luttes de la vie.

A ces mères de famille, trop confiantes en elles-mêmes, M. de Préville, par sa propre manière d'agir, montrait qu'aimer un jeune homme n'est pas premièrement le retenir près de soi par des moyens humains, mais lui apprendre à prier, l'entourer d'amis fidèles et sûrs, l'éclairer sur les difficultés sans nombre de l'existence et donner à son cœur l'aliment choisi dont il a besoin.

M. de Préville aimait de cette façon. Ceux qui l'ont connu de près l'ont, sans doute, plusieurs fois entendu exposer cette grande et surnaturelle manière d'aimer, qui était bien la sienne, et qui donne à la jeunesse une force capable de lutter contre les plus terribles assauts. C'est pourquoi il attachait une importance capitale à la « direction » des jeunes gens qui fréquentent les œuvres. C'était dans ces entretiens particuliers, qui ne sont ni la confession ni de simples causeries, qu'il prenait pied sur eux, en leur témoignant cette féconde affection dont nous venons de parler.

M. de Préville aimait aussi avec prédilection les âmes sacerdotales. Ne voyait-il pas clairement qu'en travaillant sur ces âmes, il faisait plus que travailler sur des unités ?

D'autre part, les prêtres nombreux qui le prenaient pour directeur, comprenaient bien vite que tout ce qu'il leur demandait, il le pratiquait avant de le prêcher aux autres ; son exemple achevait ainsi de les entraîner aux plus nobles efforts de zèle et d'apostolat.

Mais, avant de désirer que le prêtre fût un homme d'action, M. de Préville voulait en faire un homme de Dieu, par la prière et par la sanctification personnelle. De ce principe est sortie la belle œuvre des retraites sacerdotales dont il fut question précédemment.

Notre saint directeur groupa ainsi autour de lui, une élite de prêtres dévoués qui vivent encore de son souvenir et qui s'inspirent toujours de ses exemples.

Enfin, les privilégiés de M. de Préville furent les privilégiés mêmes du Cœur de Jésus, c'est-à-dire les pauvres et les déshérités de la vie. « Quel bonheur, disait-il au cours de sa grande retraite, d'appartenir à une congrégation qui n'a comme occupation constante que le soin des pauvres ! Nous n'avons pas d'autre but. Dans son ensemble, la condition des Frères de Saint Vincent de Paul accorde peu à la nature : une vie cachée, pauvre, laborieuse, voilà la part de chaque jour. Mais cette vie de désintéressement absolu tentera les âmes généreuses. Ce qui n'est proposé à d'autres que comme un exercice de perfection est pour nous un devoir. Ceci ressort bien clairement de l'épitaphe de notre Père Le Prévost :

« *Vir fidelis servus et prudens, quem constituit dominus super nascentem familiam, ut daret illi spiritum paupertatis et humilitatis et viscera misericordiæ erga pauperes.* »

« Faites-moi bien comprendre, Seigneur, la beauté de notre vocation. Faites-la moi comprendre assez pour pouvoir l'expliquer et la faire entendre aux novices qui me sont confiés. Que cet amour des pauvres devienne le besoin de mon âme et de ma vie... »

Lorsqu'en 1886 mourut M. Myionnet, l'un des fondateurs des Frères de Saint Vincent de Paul, et l'un des plus ardents amis des pauvres en notre siècle, on dut célébrer son

service funèbre à l'église paroissiale de Vau-
girard, à cause de la foule qui désirait accompagner sa dépouille mortelle. Deux cents
pauvres environ, ouvriers sans travail, misé-
reux en loques, faisaient partie du cortège.
M. de Préville ne voulut pas suivre de près
le char funèbre, comme les autres membres
de sa congrégation. Il alla prendre place au
milieu de ces hommes en haillons. Sur le
parcours, tous se demandaient quel était ce
prêtre entouré de mendiants. C'était l'homme
portant un grand nom, ayant joui des avantages de la fortune, et qui, par amour pour
Jésus-Christ, se rangeait parmi les derniers
de ses pauvres.

Enfants, jeunes gens, prêtres et pauvres
de Jésus-Christ, oui, tels furent bien les
préférés de M. de Préville. Il leur a tout
sacrifié : son bien-être, son temps, sa fortune, son intelligence, son cœur, sa vie.
Derrière la fragile et pauvre enveloppe des
corps, il voyait les âmes qu'il désirait sauver.
Et si l'on voulait chercher un mot qui résu-
mât cette belle existence, on n'en trouverait
pas de plus juste que le cri d'amour poussé
par le Souverain Prêtre sur le Calvaire :
« *Sitio !* J'ai soif des âmes ! »

Nous avons terminé notre modeste travail. Avons-nous réussi à montrer dans celui qui en est l'objet, le vrai prêtre, l'apôtre jaloux du salut des pécheurs, le saint conseiller de ses frères dans le sacerdoce, l'ami des pauvres et des ouvriers ? C'est notre seul désir.

M. de Préville n'avait qu'à se manifester aux âmes, pour se faire aimer, en faisant aimer Dieu ; et si, dans cette imparfaite esquisse, nous avons pu lui rendre quelques traits de sa physionomie, nous sommes assuré qu'il continuera son œuvre d'apôtre, même après sa mort.

A. M. D. G.

APPENDICE

Pour donner l'idée de l'action exercée par M. de Préville durant les retraites qu'il prêchait ou présidait, il nous a paru bon de recueillir, dans ses notes, quelques extraits de ses prédications et quelques-unes de ses recommandations.

Nous citons une première méditation pour l'ouverture d'une retraite par groupe, une instruction finale sur la Persévérance, plusieurs examens particuliers composés par M. de Préville, et quelques conseils pour la récitation fructueuse du chapelet.

PREMIÈRE MÉDITATION.

ENTRÉE EN RETRAITE.

Je vous adore, ô mon Dieu, présent dans le Très Saint Sacrement. Vous êtes là, tout à côté de moi, derrière la porte du Tabernacle. Je sais que vous y êtes pour moi. Depuis de longs mois, vous attendez ces jours où nous allons pouvoir causer cœur à cœur. Dès longtemps vous me dites cette parole que vous avez un jour adressée à vos Apôtres : « *Veni, sequere me* — Venez, suivez-moi. » — Par ces paroles, vous les avez arrachés à leurs travaux et à leurs occupations de chaque jour, pour les fixer autour de vous et changer leur cœur, pour en faire des hommes tout nouveaux, chargés de sanctifier le monde. Vous les avez tenus trois ans en retraite. Nous n'entrons en retraite que pour trois jours.

Les Apôtres, pour suivre Jésus, ont tout quitté. Saint Pierre, à l'appel de Jésus, quitte ses filets et son travail. Sous l'action de la grâce du bon Dieu, il devient un pêcheur d'hommes.

Saint Mathieu abandonne sa perception

des impôts, pour se mettre à la suite du Sauveur.

Notre-Seigneur rencontre Philippe et lui dit aussi : *Sequere me*, suivez-moi ; et voilà que Philippe se met, lui aussi, à suivre Jésus.

Ne s'est-il pas passé quelque chose d'analogue pour nous ? Nous avons entendu dire qu'il faisait bon, très bon, venir en retraite à Hardinghem. C'est peut-être même un attrait extérieur, dont s'est servi Notre-Seigneur pour nous attirer ; mais puisque nous sommes maintenant en sa sainte compagnie, comme les Apôtres, ouvrons nos cœurs à la sainte formation qu'il veut nous donner.

Pendant trois ans Jésus a instruit les Apôtres et a prié avec eux ; il leur a appris à prier et leur a donné l'exemple.

Il les a instruits, il leur a appris ce qu'ils devaient savoir et pratiquer. « Si quelqu'un veut venir après moi, qu'il se renonce soi-même, qu'il prenne sa croix et qu'il me suive. »

Se renoncer soi-même, c'est cesser de regarder sa volonté comme le guide de sa vie ; mais ne prendre comme direction que la volonté du Seigneur, manifestée à nos yeux par les commandements de Dieu et de l'Eglise. C'est, coûte que coûte, faire notre devoir. C'est en arriver au point de dire avec les Apôtres, que les autorités voulaient empêcher de prêcher Jésus-Christ : *Non possumus non loqui !* — Nous ne pouvons pas ne pas parler, nous ne pouvons pas taire les merveilles dont nous avons été les témoins.

Prendre sa croix et suivre Jésus, c'est faire, comme Notre-Seigneur et avec Notre-Seigneur, tous les sacrifices nécessaires pour lui demeurer bien fidèles, au risque même des moqueries et des méchancetés de nos camarades.

Prendre sa croix, c'est renoncer aux occasions du péché, quels que soient les attraits et les liens qui nous attachent au mal.

Prendre sa croix, c'est choisir la vertu que nous devons pratiquer pour augmenter les bénédictions de Dieu sur nous. Car qui n'avance pas recule dans le chemin de la vertu.

Je veux donc, ô Seigneur, profiter de cette compagnie que vous me permettez de vous tenir. Je tâcherai, à l'exemple des Apôtres, de me transformer, à votre école, par votre grâce, et par les exemples qui me seront donnés durant ces quelques jours.

O bonne Mère du Ciel, veillez sur votre enfant ! Et de même que vous aidiez les Apôtres à comprendre les leçons de Jésus, quand vous me verrez découragé ou effrayé des luttes que j'aurai à soutenir, veillez sur moi, défendez-moi, protégez-moi dans l'obscurité. Je m'en remets à vous et je me confie tout à vous.

O Marie, conçue sans péché, priez pour nous.

CLOTURE DE RETRAITE

LA PERSÉVÉRANCE

Mes chers amis,

Pendant ces quelques jours, nous avons médité les grandes vérités ; et sous l'impression de ces pensées graves et austères, nous avons pris des résolutions bien sérieuses. Nous nous sommes promis de déclarer une guerre à mort à nos mauvaises habitudes, nous avons décidé de pourchasser le diable jusque dans ses ruses les plus cachées ; en un mot, de ne prendre de repos, qu'après une victoire complète.

Aujourd'hui, je veux vous prévenir contre

le découragement. Vous avez, j'en suis convaincu, fait une bonne et sainte retraite ; j'ai vu, pour ainsi dire, la grâce pénétrer vos âmes en même temps que ma parole pénétrait dans vos esprits. Il s'agit aujourd'hui de vous prémunir contre quelques dangers en vous indiquant les remèdes les plus propres à les combattre.

Le premier et le principal danger que rencontrent des jeunes gens ardents et généreux, c'est de croire que la lutte est terminée, parce qu'ils se sont résolus à lutter vigoureusement.

Ne croyez pas que le démon va se reconnaître vaincu, parce que pendant les premiers jours qui vont suivre la retraite, vous allez être tout autres à son égard. Croyez bien que telle ne sera pas sa tactique vis-à-vis de la plupart d'entre vous. Non, il vous laissera, au contraire, bien paisibles pendant les premiers jours ; pendant quelques semaines, peut-être même pendant quelques mois. Mais bientôt il profitera, par exemple, des premières effluves du printemps, pour se présenter à vous sous des dehors bien séduisants : ce sera une toute petite faute dont il vous offrira l'occasion ; il vous distraira même pendant qu'il vous la fera commettre, pour en diminuer l'horreur. Ainsi quand le soir, vous vous examinerez, vous verrez qu'il y a dans votre cœur quelque chose de louche ; mais il vous sera difficile d'en apprécier le degré.

Cela fera naître, dans votre cœur, certain trouble, certain malaise qui, si vous n'y prenez bien garde, ne manquerait pas de vous amener à penser au mal, à y réfléchir.

Aussi, dans ce cas, le seul conseil vraiment utile que je puisse vous donner, c'est de faire une bonne prière, et de confier ce petit trouble, cette petite faute à votre confesseur, et mieux encore à votre directeur.

Parce que vous aurez fait la retraite, vos ateliers ne seront pas meilleurs, vos camarades ne seront point changés ; les occasions de péché d'autrefois, vous les aurez encore. Mais ce qui est changé, c'est que Jésus est avec vous, et *si Deus pro nobis, quis contra nos*, si Dieu est avec nous, qui donc oserait être contre nous ?

Voilà donc la situation. Vous étiez, avant la retraite, des amis du démon ; pendant la retraite, vous êtes devenus ses ennemis, et les amis de Notre-Seigneur. Il y a lieu de penser que le tentateur n'est guère satisfait de ce changement, et qu'il vous prépare quelques mauvais tours de sa façon.

Comment faire donc pour le tenir à distance ?

Nous célébrons aujourd'hui la fête de l'Immaculée Conception de la Sainte Vierge. Ce n'est pas sans intention que votre cher directeur a choisi cette belle fête pour terminer notre retraite. Sa pensée a été, j'en suis certain, que vous emportiez de ces jours de bénédictions, un ardent amour de la Sainte Vierge.

Je vous en ai parlé au commencement de ces saints exercices ; j'ai parlé aussi à la messe, des merveilles opérées dans notre pays, par la récitation du chapelet ; et je ne vois pas pourquoi la Sainte Vierge serait moins bonne pour vous, Orléanais, qu'elle ne l'a été pour nos Boulonnais. Si, pendant cette retraite, vous avez senti, de temps en temps, votre cœur touché, c'est que là-bas, sur le bord de la mer, vos camarades de Boulogne récitent, tous ensemble, leur chapelet pour vous.

Nous aimerons donc la Sainte Vierge, parce que c'est elle qui a été choisie de Dieu même, pour écraser la tête du serpent. C'est elle qui a pour mission de nous protéger et de nous défendre contre des attaques incessantes ; et déjà vous avez constaté son influence sur vous, depuis que nous avons, chaque jour, récité le chapelet.

Le chapelet, si vous y êtes fidèles, sera pour vous une véritable sauvegarde ; mais, prenez bien garde de vous en dépouiller, de le laisser chez vous, et de vous habituer à vous en passer. Il est impossible qu'un fidèle enfant de Marie périsse. Donc, ayez votre chapelet et servez-vous en souvent, souvent.

Le chapelet et son usage vous fait entrer dans ce moyen principal de la persévérance : la prière. Qu'il y ait même, chaque jour, dans votre chapelet, une dizaine pour votre persévérance et celle de vos camarades. Cela m'amène à vous parler d'un moyen bien efficace de persévérance :

« Commendavit unicuique de proximo suo. »

Dieu a confié à chacun le soin du salut de son prochain. Je voudrais qu'en terminant cette retraite, vous acceptiez, comme moyen essentiellement pratique de persévérance, le soin de vous garder les uns les autres.

Il ne se peut trouver de réunion comme celle-ci sans que, de temps en temps, il arrive que l'un de ces jeunes gens ne se trouve entraîné, ou par une occasion ou par un camarade. Eh! bien, c'est dans ces cas, que je demande, de votre part, un acte de charité.

Il y a un an ou deux, au cercle Montparnasse à Paris, un jeune homme avait fait une mauvaise connaissance et se dérangeait tout à fait.

Le directeur du conseil déclare qu'il va être obligé de signifier son congé à ce jeune homme. Les membres du même conseil, qui aimaient beaucoup ce camarade, autrefois l'un des meilleurs parmi eux, demandent au directeur du cercle, de vouloir bien patienter quelque temps, parce qu'ils ont déjà commencé à le ramener. Ils se sont confié cette besogne à plusieurs, et ils espèrent pouvoir le détourner de cet ami qui l'entraîne.

Le directeur, heureux de voir cette bonne volonté des conseillers, donne de grand cœur la main à cette petite conspiration, et comme les conseillers regardent le directeur du patronage, M. Maignen, comme un vrai père, ils lui disent : « Voilà ce que nous voulons faire et ce que nous avons fait. » Les jeunes gens échangent quelques petits moyens que M. Maignen leur indique, et quelques semaines ne se sont pas écoulées, qu'ils amènent leur camarade repentant et confus, demandant pardon.

Le directeur, tout heureux, lui raconte ce qui s'est passé, et lui dit de remercier et d'embrasser ses amis qui ont obtenu à force de prières et d'instances ce beau résultat.

S'il faut être bon camarade quand un enfant du patronage commence à se détacher de l'œuvre, il faut surtout l'empêcher de s'éloigner en cherchant par tous les moyens possibles à le faire s'amuser dans l'œuvre. Que chacun s'oublie soi-même pour ne penser qu'aux autres : c'est là le meilleur moyen de persévérer.

Aimer ses camarades, se dévouer tous les jours pour les aider à s'amuser, les consoler et les secouer quand ils croient qu'ils doivent s'ennuyer ! *Commendavit unicuique de proximo suo.* Dieu a donné à chacun de nous le soin de veiller sur son prochain. Et remarquez bien que votre honneur y est engagé.

Si l'on parle mal de tel camarade, tous les enfants de l'œuvre sont généralement compris dans ce blâme. Si l'on remarque que les grands ne sont pas fidèles, les méchants, que votre persévérance gêne, parce qu'elle est un reproche vivant de leur infidélité, ne manquent pas de grossir le nombre des déserteurs et de dire qu'à l'œuvre de la jeunesse, il n'y a que des enfants, qu'il est impossible de jamais aller au bal, au café, au concert ; que cela est bon seulement pour les enfants. Et tous les auditeurs qui ne sont pas courageux, de conclure : oui, oui, c'est impossible. Ah ! qu'il serait plus beau d'entendre dire : Voyez ces enfants de l'œuvre, comme ils s'aiment les uns les autres, comme ils se soutiennent, comme ils se défendent contre les attaques de ceux qui ne sont pas comme eux.

Mettons cette résolution et cette pensée au nombre de celles qui nous doivent devenir familières : « Aimer mes camarades assez pour me dévouer pour eux et pour les obliger à force de bonté et d'efforts, à se plaire avec nous. »

Nous sommes nombreux, mais pas assez unis, pas assez fiers d'appartenir à cette belle œuvre. Devenons fiers de notre œuvre, de notre piété, de notre dévotion et fiers surtout de demeurer chrétiens.

Examen sur les Devoirs d'un Jeune Homme envers Dieu

I

Adorons Notre-Seigneur Jésus-Christ rendant à Dieu son Père, pendant toutes les circonstances importantes de sa vie, l'honneur qui lui est dû. Jamais Jésus ne se glorifie de ce qu'il fait, mais il en renvoie toujours l'honneur à Dieu. Il ne fait rien de quelque importance sans prendre le temps de consulter Dieu dans une prière longue et fervente. Oh ! que ma vie serait meilleure, comme elle serait plus édifiante, si je prenais ainsi le soin d'appeler chaque jour et à chaque instant important, Jésus à mon secours.

Guidez-moi, Seigneur, dans cette recherche que j'entreprends des fautes que j'ai commises contre le service de Dieu.

II

Ai-je toujours accompli aussi courageusement que je l'aurais dû, tous mes devoirs envers Dieu ?

Avec quel soin ai-je offert mon cœur à Dieu, le matin à mon réveil ? Avec quelle confiance ai-je imploré le secours de la sainte Vierge et de mon bon ange?

Ai-je fait, chaque jour et tout entière, ma prière du matin?

Ai-je fait, chaque matin, quelques minutes de méditation et de lecture pieuse?

Quelle a été ma fidélité à assister à la sainte messe et aux vêpres?

Pendant la semaine, ai-je fait effort pour assister à la messe?

Ne m'en suis-je pas trop facilement dispensé?

Ne me suis-je pas souvent laissé entraîner aux distractions volontaires?

Ai-je prié dans les tentations? dans un travail difficile? dans les occasions dangereuses?

Ai-je été fidèle à ma prière du soir? La fatigue ne m'a-t-elle pas bien souvent endormi, pour n'avoir pas su la faire un peu plus tôt, aussitôt mon retour du travail, par exemple?

N'aurais-je pas pu la faire chez moi en commun, avec tous mes parents, ou du moins, avec ma mère, ma sœur, mon frère?

N'ai-je pas ainsi par faiblesse, perdu une bonne occasion de faire du bien?

Ai-je fait mon examen de conscience avant de me coucher?

Ai-je récité chaque jour, mon chapelet ou partie de mon chapelet selon qu'il était convenu avec mon confesseur.

Ai-je eu soin de faire chaque jour, quelque lecture de piété?

Me suis-je confessé chaque semaine, ou du moins, me suis-je bien conformé à cette règle, de ne jamais me coucher avec un péché grave sur la conscience? sans avoir mis ma conscience en paix par une bonne confession, ou un acte de contrition, si je n'ai pu me confesser?

Ai-je fait chaque jour, ma petite visite au Saint Sacrement?

Ai-je observé les commandements de l'Eglise sur l'abstinence?

III

Mon Dieu, je vous demande pardon d'avoir si peu tenu compte, jusqu'à présent, de mes devoirs envers vous. Je me suis donné tant de peine pour des choses insignifiantes; et tout ce qui regardait mes devoirs envers vous, je le mettais de côté.

Faites-moi, s'il vous plaît, la grâce de profiter de cette retraite, pour mettre votre service au premier rang de mes occupations, et de mériter ainsi d'être par vous comblé de grâces pendant le cours de ma vie, en attendant que j'aille jouir au ciel du bonheur que vous promettez à vos élus. Ainsi soit-il.

Examen sur les Devoirs d'un Jeune Homme Chrétien à l'Atelier

I

Adorons Notre-Seigneur travaillant dans l'atelier de saint Joseph. Quelle obéissance et quel respect pour saint Joseph ! quel courage ! quel soin des objets qui lui sont confiés ! quelle exactitude aux heures du travail ! quel respect du temps et des outils, et généralement de tout ce qui appartenait à saint Joseph !

II

Quels sentiments ai-je au fond de mon cœur pour mon patron ? Ai-je pour lui le respect et l'obéissance que je dois avoir ?

Quelle est mon exactitude à arriver à l'heure à l'atelier ? Me suis-je accusé du tort que j'ai pu faire en arrivant trop tard à mon travail ?

Ai-je traité les outils et les objets appartenant à mon patron, avec le même soin que s'ils m'appartenaient à moi-même ?

Ai-je grand soin de réparer mes pertes de temps par une activité plus grande, et capable de compenser le tort que j'avais pu lui faire ?

Ne me suis-je pas trop facilement attribué des objets qui lui appartenaient, sous prétexte qu'il avait moyen de les remplacer ?

Quel respect et quel soin ai-je eu de la réputation de mon patron ?

N'ai-je pas souvent pris plaisir à le dénigrer moi-même ou à l'entendre dénigrer par les autres ?

Quel courage ai-je eu pour me montrer ce que je suis, sans forfanterie, comme sans lâcheté ? N'ai-je pas souvent par respect humain, manqué de défendre la religion et les prêtres ?

N'ai-je pas souvent été trop craintif, pour interrompre une conversation trop libre et indécente, quand je l'aurais pu ?

Me suis-je opposé au mal que l'on voulait me faire faire, ou me faire voir ?

Ai-je courageusement refusé les livres ou journaux mauvais que l'on m'offrait ?

Ai-je évité de vexer lâchement ceux qui étaient les souffre-douleurs de l'atelier ?

Ne me suis-je pas, au contraire, amusé moi-même à leur faire de la peine ?

III

O mon Dieu ! quelle belle récompense vous accorderez à un ouvrier chrétien, qui se sera toujours bien conduit à l'atelier ! Quelle gloire n'aura-t-il pas pour avoir ainsi, chaque jour, à chaque instant du jour, tenu son cœur uni au vôtre pour résister à tout ce mal qui se fait autour de lui !

O Jésus ouvrier ! aidez-moi à demeurer un ouvrier chrétien.

Examen sur les Devoirs d'un Jeune Ouvrier Chrétien envers ses Parents

I

Adorons Notre-Seigneur traitant avec tant d'honneur la sainte Vierge et saint Joseph, ses parents ! Quel beau modèle d'obéissance ! *Erat subditus illis* — il leur obéissait quand ils commandaient, comme quand ils défendaient quelque chose.

Adorons aussi Notre-Seigneur rendant à saint Joseph mourant les derniers devoirs. Quel ne fut pas son empressement à le soigner durant sa maladie et jusqu'à son dernier soupir !

II

Ai-je toujours bien honoré mes parents ?

Les ai-je aimés ? leur ai-je voulu et fait tout le bien que je pouvais ?

Ai-je été prévenant pour eux ? complaisant envers eux ?

Ai-je supporté patiemment leurs défauts ?

Leur ai-je toujours obéi dans tout ce qu'ils m'ont ordonné de conforme à la loi de Dieu ?

S'ils m'ont ordonné des choses défendues, ai-je eu le courage de leur refuser bien simplement de faire ce que le bon Dieu ou l'Église défendait ?

Ai-je obéi promptement ?

Ai-je obéi joyeusement et sans murmurer ?

Ne me suis-je pas contenté souvent de faire semblant d'obéir ?

Ai-je aidé mes parents, autant que je l'ai pu ?

Ai-je rapporté fidèlement à la maison ce que je gagnais ?

N'ai-je pas souvent gardé quelque chose sans le leur dire ?

Ai-je chaque jour prié pour eux ?

Ai-je veillé sur eux pendant leur maladie ?

Ai-je soulagé mes vieux parents et n'ai-je pas regardé cette obligation comme une lourde charge, tandis que ce n'est qu'un devoir pour moi de leur rendre ce qu'ils m'ont prodigué de soins pendant mon enfance ?

Ai-je prié et fait prier pour eux après leur mort ?

DEVOIRS D'UN ENFANT ENVERS SOI-MÊME

Ai-je été gourmand — dans le boire ou le manger ?

Ai-je été paresseux ?

Me suis-je laissé aller à l'impureté ?

Ai-je eu soin de m'instruire sur la religion en repassant mon catéchisme et en suivant les instructions qui m'étaient faites ?

Ai-je cherché à devenir habile dans ma profession ? Ne me suis-je pas contenté de savoir mon état tant bien que mal ?

III

O mon Dieu, qui promettez une longue vie, la vie éternelle, à celui qui honore ses parents, donnez-moi le courage de vaincre pendant cette retraite mes mauvais instincts sur ce point ! Donnez-moi aussi de comprendre bien la parabole des talents et de me souvenir que vous me demanderez compte du peu qu'aura produit en moi le talent que vous m'avez confié.

Que je devienne, Seigneur, un bon et un saint ouvrier !

Examen sur les Dispositions que nous avons apportées pour entendre la Sainte Messe.

I

Honorons la très sainte Vierge comme le modèle le plus parfait que nous puissions prendre pour bien entendre la sainte messe. Elle assiste au sacrifice que son Fils offre sur le Calvaire, et qu'il continue d'offrir tous les jours sur nos autels ; elle y assiste avec les dispositions les plus excellentes et les plus saintes. Son esprit tout occupé de ce qui se passe devant ses yeux, ne peut être distrait par d'autres pensées ; son cœur tout embrasé d'amour pour Dieu, et qui ne respire que sa gloire, fait que, sans avoir égard à sa tendresse maternelle, elle offre elle-même avec Jésus, cet adorable sacrifice ; et cette divine Mère, toute pénétrée de sentiments de religion, s'immole en esprit pour ne faire avec son cher Fils, qu'une seule et même victime.

Demandons au bon Dieu par Marie, de nous accorder quelques-unes de ces belles dispositions. Qu'il nous fasse voir et comprendre en quoi nous y manquons.

II

Avons-nous regardé l'assistance à la sainte messe comme une des actions les plus importantes que nous puissions faire, et nous y sommes-nous préparés ?

Nous sommes-nous préoccupés de sonder notre cœur, afin de le purifier, par un acte de contrition, et s'il est nécessaire par une bonne confession, avant de nous y présenter ?

En nous rendant à l'église, avons-nous soin de ne rien donner à la curiosité, de mortifier nos sens, et de retenir notre langue ?

Nous sommes-nous bien persuadés que nous n'avions pas de meilleur moyen d'adorer Dieu, que de lui offrir avec le prêtre, Notre-Seigneur Jésus-Christ, la Victime sans tache ?

Avons-nous compris que notre reconnaissance, pour les grâces sans nombre qu'il nous a faites, serait insignifiante, si nous ne priions Jésus, au saint sacrifice, de remercier Dieu pour nous de ses incomparables bienfaits.

Devant nos péchés accumulés, avons-nous, par la sainte messe, essayé d'apaiser sa justice, et de réparer l'injure qu'ils lui ont causée ?

Avons-nous profité de notre assistance au saint sacrifice, pour demander et obtenir de Dieu, par Notre-Seigneur Jésus-Christ, les grâces dont nous avons besoin pour nous et pour les autres ?

N'avons-nous pas, au contraire, bien souvent assisté à la sainte messe sans aucune intention, par coutume, par habitude, pour faire comme les autres ?

Ne nous y sommes-nous pas souvent tenus sans respect, oubliant que nous devions y assister avec une humilité profonde, une crainte religieuse, et une foi bien vive en la présence de Dieu?

Quand nous avons assisté à cet auguste mystère, avons-nous évité d'y causer et de regarder de côté et d'autre?

Ne nous sommes-nous pas contentés de mettre un seul genou en terre? N'avons-nous pas cherché à nous y mettre trop à l'aise, au détriment du respect dû à Dieu?

Avons-nous été heureux de nous offrir pour servir la messe, nous rappelant que nous imitons ainsi le service des anges?

III

O Dieu! qui prononcez anathème contre ceux qui font négligemment votre œuvre, quel compte terrible n'ai-je pas à rendre de tant de messes auxquelles j'ai si mal assisté; que j'ai entendues sans nul respect et sans nulle application! Un Dieu y est produit à la parole du prêtre! un Dieu s'y sacrifie! un Dieu s'y anéantit! et un homme aura assez peu de religion pour y paraître avec indifférence! Pardonnez-moi, Seigneur, et ne permettez pas que cela m'arrive jamais plus.

Remplissez, je vous en supplie, mon cœur de dispositions si saintes que je n'aie nul sujet de craindre les funestes effets de cette terrible parole que vous avez mise sur les lèvres de votre prophète Jérémie :

Maudit soit celui qui a fait l'œuvre de Dieu négligemment. — (JÉR. L. 8. 10.)

Examen sur notre manière de faire la Sainte Communion.

I

Adorons la bonté immense de Notre-Seigneur qui, après être mort pour les hommes sur la croix, se donne encore à eux dans la sainte communion, aussi souvent qu'ils le désirent. Quelles ne doivent pas être nos dispositions, quand nous avons cet incomparable bonheur de recevoir en nourriture, le corps, le sang, l'âme et la divinité de Notre-Seigneur Jésus-Christ, sous les espèces et apparences d'une petite hostie ! Il me semble l'entendre nous redire : « Mon bonheur, c'est d'être avec les enfants des hommes. » Voyons quelles ont été nos dispositions avant de recevoir son corps sacré ; quelle reconnaissance nous lui avons témoignée pour avoir bien voulu venir à nous.

II

Avons-nous toujours apporté à la sainte communion une grande pureté de cœur, nous souvenant, que celui qui communie indignement, s'expose à voir exécuter contre lui les plus terribles menaces de Dieu ?

Avons-nous fait effort pour éloigner de nous, non seulement les fautes mortelles, mais aussi les fautes légères et jusqu'aux moindres imperfections volontaires ?

Avons-nous cherché à n'avoir au fond du cœur aucune autre intention que celle de plaire à Dieu, et d'attirer sur nous les grâces dont nous avons un si impérieux besoin ?

Nous sommes-nous préparés dès la veille au soir et pendant toute la matinée, excitant en nous d'ardents désirs de recevoir Notre-Seigneur ?

Avons-nous eu soin, pour faire honneur au bon Dieu, qui voulait bien descendre dans notre cœur, de nous revêtir de nos habits de fête ?

Avons-nous excité dans notre cœur, chaque fois que nous avons eu le bonheur de faire la sainte communion, des sentiments d'une foi bien vive en Notre-Seigneur Jésus-

Christ, la seconde personne de la Sainte-Trinité, que nous recevons?

Nous sommes-nous bien humiliés en considérant nos misères, nos fautes si souvent répétées, malgré tant de résolutions de nous corriger?

Enfin avons-nous essayé de développer en nous, un amour bien vrai et bien sincère pour ce divin Jésus qui se veut donner à nous?

Voyons, si après un si grand bonheur, nous avons été fidèles à remercier Notre-Seigneur?

Avons-nous pour cela, consacré quelques instants après la messe à une action de grâces véritable?

Avons-nous laissé de côté, tout ce qui pourrait nous distraire d'une affaire aussi importante?

III

O mon Dieu, vous que j'ai tant éloigné de moi par mon peu d'exactitude à me bien préparer à la sainte communion, oubliez, je vous en conjure, toutes mes négligences. Pardonnez-moi la négligence dont je me suis aussi rendu coupable après la sainte communion, et accordez-moi, pour l'avenir, le courage de toujours faire librement et du plus profond de mon cœur, cette action de grâces dont je comprends si bien la nécessité.

Faites, Seigneur, que je me souvienne qu'après la sainte communion, quand vous venez de vous donner tout à moi, je puis tout obtenir de votre divin Cœur.

O Vierge Marie ! aidez-moi à être bien fidèle à remercier toujours Notre-Seigneur des communions qu'il me permettra de faire.

Ainsi soit-il.

PREMIER CHAPELET

PREMIÈRE DIZAINE.

Nous nous rappellerons que la seule chose importante pour nous, c'est de faire notre salut, le reste n'est rien, puisque le reste ne dure que quelques années.

DEUXIÈME DIZAINE.

Nous penserons que de l'état dans lequel sera notre âme au moment de la mort dépendra notre sort éternellement heureux ou malheureux. Nous prierons la Sainte Vierge de ne pas nous laisser mourir subitement.

TROISIÈME DIZAINE.

Nous nous souviendrons que généralement on meurt comme on a vécu. Nous demanderons à la Sainte Vierge de bien vivre pour bien mourir.

QUATRIÈME DIZAINE.

Nous nous rappellerons que depuis long-temps nous fatiguons le bon Dieu, qui, par sa grâce, nous presse de nous convertir, et nous demanderons pendant cette dizaine, à la Très Sainte Vierge, de nous obtenir une vraie conversion.

CINQUIÈME DIZAINE.

Nous la réciterons tout entière pour demander à la Sainte Vierge, la conversion immédiate de tous ces pauvres ouvriers aveugles, qui se figurent toujours qu'ils auront le temps de se confesser avant de mourir.

DEUXIÈME CHAPELET

PREMIÈRE DIZAINE

Nous prierons la Sainte Vierge de nous inspirer une vive horreur du péché.

DEUXIÈME DIZAINE

Nous demanderons à la Sainte Vierge de nous faire voir bien clairement nos péchés.

TROISIÈME DIZAINE

Nous demanderons pardon de tous les scandales que nous avons pu donner pendant notre vie.

QUATRIÈME DIZAINE

Une ferme résolution de ne jamais plus commettre le péché.

CINQUIÈME DIZAINE

Action de grâces de n'être pas mort dans l'état du péché et prière ardente pour obtenir le courage d'en sortir.

TROISIÈME CHAPELET

PREMIÈRE DIZAINE

Nous honorerons Notre-Seigneur qui nous a amenés en retraite, pour augmenter dans notre cœur l'horreur que nous éprouvons pour l'enfer.

DEUXIÈME DIZAINE

Nous supplierons la Sainte Vierge d'exciter en nos cœurs, par la pensée des supplices éternels, un ardent désir de sortir du péché pour n'y plus retomber.

TROISIÈME DIZAINE

Nous demanderons à la Sainte Vierge de

nous montrer le défaut que nous devons combattre pour devenir de vrais chrétiens.

QUATRIÈME DIZAINE

Nous prierons la Sainte Vierge pour les ouvriers qui sont morts aujourd'hui et qui meurent maintenant pour que le bon Dieu leur inspire un bon acte de contrition.

CINQUIÈME DIZAINE

Nous prierons la Sainte Vierge de nous aider à faire une bonne et sainte confession.

B-619-96. — Paris, imp. des Orphelins-Apprentis, D. Fontaine, 40, rue La Fontaine.

ERRATA

Page 19, ligne 21, lisez : entraînement de *la* jeunesse.

Page 77, ligne 11, lisez : se mettre en *rapport* avec eux.

Page 132, ligne 26, lisez : parlons *des* jeux.

Page 143, ligne 11, lisez : le bon esprit *au patronage*.

Page 162, ligne 2, lisez : messe *solennelle*.

Page 193, ligne 2, lisez : résister au désir de citer.

Page 231, en note, lisez : rapport à l'un *de* MM.

TABLE DES MATIÈRES

www.ingramcontent.com/pod-product-compliance
Ingram Content Group UK Ltd.
Pitfield, Milton Keynes, MK11 3LW, UK
UKHW021848070726
13613UKWH00001B/64